HENRI DE PARVILLE

UN HABITANT

DE

LA PLANÈTE MARS

PARIS

J. HETZEL, 18, RUE JACOB

Tous droits réservés

PRÉFACE

Les lettres qui composent ce livre nous ont été adressées successivement et d'une façon tout au moins singulière.

Dès l'aube, à notre réveil et presque tous les quinze jours, régulièrement, nous trouvions sur notre table de travail une nouvelle lettre toute grande ouverte et datée d'Amérique.

L'origine de cette mystérieuse correspondance nous resta inconnue, malgré les recherches les plus minutieuses.

Les deux premières furent insérées dans un journal du soir. Leur apparition causa alors dans tous les esprits une vive émotion qui n'est pas encore calmée en Angleterre et en Allemagne. Les détails qu'elles contenaient furent reproduits par presque toutes les feuilles d'Europe, qui les confirmèrent ou y ajoutèrent encore.

Nous nous décidons aujourd'hui à publier les autres. Comme elles complètent les précédentes et ont trait à des questions philosophiques et scientifiques très-controversées de nos jours, telles que l'origine des espèces, la transformation des êtres, les générations spontanées, la pluralité des mondes, nous pensons qu'elles seront lues avec quelque intérêt par tous les penseurs et les esprits avancés.

Nous les reproduisons absolument comme nous les avons reçues, sans rien y retrancher ni rien y ajouter. Nous nous sommes permis seulement d'annoter les passages qui demandaient des éclaircissements ou qui exigeaient des rectifications.

H. DE P.

UN HABITANT

DE

LA PLANÈTE MARS.

LETTRE I

Une correspondance de Richmond. — Découverte sans précédents. — Grande rumeur en Amérique. — Où l'on cherche du pétrole et où l'on découvre une momie. — Un aérolithe enterré. — Le monde savant en émoi. — Un homme pétrifié. — D'où sort-il ? — Une tombe fossilifiée. — Quatre planètes et une conclusion. — Un habitant des autres mondes.

Une découverte scientifique d'une importance capitale vient d'être faite dans le pays des Arrapahys à plusieurs milles du Pic James.

Un riche propriétaire des environs, M. Paxton, avait commencé des fouilles pour rechercher le pétrole ; un matin, le pic vint rebondir sur un roc d'une très-grande dureté; la couche d'alluvion avait été traversée, on avait dépassé un affleurement carbonifère et l'on travaillait dans le terrain paléozoïque[1]. On crut avoir rencontré un filon et l'on fit agir la sonde ; elle ramena une sorte de conglomérat formé de trapp, de porphyre, de cristaux de quartz et de composés métalliques.

M. Davis, géologue très-distingué de Pittsbourg, pria M. Paxton de suivre ce singulier amas et après plus de quinze jours de travail, on mit à nu par la partie supérieure une énorme masse un peu ovoïde de composition non-seulement distincte de toutes celles des terrains voisins, mais encore dont aucun spécimen n'avait été rencontré sur notre globe jusqu'ici.

La masse mesure dans son plus grand diamètre quarante-cinq yards environ et dans son plus petit trente yards. On y remarque des cassures saccharoïdes énor-

---

[1]. Ainsi appelé parce que c'est le premier dans lequel on découvre des traces d'êtres organisés.

mes, faisant anfractuosité et indiquant sans doute les places d'éclats qui ont dû s'en détacher. Toute la masse est enduite au pourtour d'une sorte d'émail noir d'épaisseur variable constituée par des silicates métalliques. Au-dessous, d'après M. Davis, la roche est formée de silicates alcalins et terreux, de fer, de manganèse, de nickel, de cobalt, tungstène, cuivre, étain, arsenic, soufre, chlorures alcalins, chlorhydrate d'ammoniaque, traces de chlorure d'argent, traces de cœsium, graphite en grande quantité; gaz interposés à 1 mètre d'épaisseur; azote, acide carbonique, hydrogène sulfuré et arsénié.

La composition toute particulière de cet amas ne pouvait laisser aucun doute aux géologues.

La masse rencontrée au bas du Pic James n'avait pas une origine terrestre : c'était un aérolithe et certainement le plus curieux que l'on ait vu, à cause de sa composition et de son grand volume d'abord, mais surtout à cause de sa position. Jamais encore on n'avait pu découvrir aucune trace d'aérolithe dans la succession des terrains anciens.

Il est rare qu'un bonheur vienne seul. Une seconde découverte devait suivre la première, et son importance est telle qu'à l'heure où nous écrivons ces lignes elle tient encore en émoi toute la partie intelligente du pays. On a presque oublié la guerre, et les curieux arrivent en foule au pays des Arrapahys.

Une commission s'était rendue sur les lieux pour examiner l'aérolithe de MM. Paxton et Davis; elle eut l'heureuse idée de faire percer la masse suivant son grand diamètre. A 4 mètres de profondeur, la composition changea sensiblement; jusque-là, la roche présentait des traces de fusion; dans sa course à travers notre atmosphère, le bolide s'était échauffé et s'était fondu à la superficie; mais au delà, la matière devenait porphyroïde avec des cristaux très-gros, atteignant le volume d'un œuf d'amphibole[1], de quartz ou de feldspath, puis du quartzite avec veines de fer et de cuivre. A 7 mètres, la composition tournait au granit avec cristaux d'argent. A 20 mètres, on avançait lentement dans de l'ophite[2], quand l'outil cria tout à coup en rebondissant; il manqua d'appui en même temps et alla sauter, en rendant un bruit sonore, quelques mètres plus bas. Un jet de gaz irrespirable monta jusqu'aux travailleurs.

On élargit le trou de sonde et on creusa un puits; il ne fallut pas moins de dix jours; dix jours d'attente et de curiosité non satisfaite !

Enfin, M. John Paxton, le fils du propriétaire, et M. Davis, descendirent au fond du trou. Il se passa quelques minutes d'indécision avant qu'ils remontassent.

Ils étaient tous deux fort pâles. M. Paxton

---

1. Minéral de couleur variable, formé de silice, de magnésie, de chaux et de protoxyde de fer.
2. Variété de roche formée de feldspath et de silice, chaux, magnésie, oxydes de fer et de manganèse.

portait avec lui une sorte d'amphore grossière en métal blanc (argent et zinc) toute criblée de petits trous et de dessins bizarres.

D'où venait ce vase? Qu'y avait-il au fond du puits? Telles étaient les questions qui se pressaient sur les lèvres de tout le monde.

A la base du trou, racontèrent les deux explorateurs, nous rencontrâmes l'amphore enfoncée horizontalement dans l'ophite; la sonde l'avait touchée et l'avait détachée en partie; deux yards plus bas à peu près, nos pieds se posèrent sur un plancher métallique qui résonna sourdement et parut encaissé dans la roche; au-dessus et à gauche, mais trop enfoncées dans le rocher pour qu'on pût les en détacher, nous avons distingué plusieurs amphores métalliques avec des espèces de bâtons en métal jaune.

La curiosité était trop excitée pour que l'on en restât là. On élargit le trou à la base jusqu'à ce que le couvercle métallique s'effondrât. Il était tout bossué, grenu, oxydé, noir par places et même fondu. On travailla la nuit, mais ce ne fut que le soir du troisième jour que la plaque métallique céda.

On avança avec précaution, à cause du gaz inflammable, mais il ne se produisit aucune explosion, quand les lampes furent descendues. Deux ouvriers et MM. John Paxton, Davis et Murchison, dérangèrent la plaque très-lourde et large de deux yards.

Les lampes envoyèrent une lumière jaunâtre sur la fouille et l'éclairèrent. Les assistants ne purent retenir un cri d'étonnement. Ils avaient devant les yeux un espace rectangulaire de un yard de profondeur et de deux yards de largeur taillé très-certainement dans le granit. Le vide était presque partout comblé par des concrétions calcaires, des espèces de stalagmites qui scintillaient à la lueur des lampes. Au centre se détachaient très-nettement les formes d'un homme de très-petite taille et comme enveloppé dans un linceul calcaire. Il était couché tout au long et mesurait à peine quatre pieds; la tête légèrement soulevée se perdait dans un coussin de carbonate de chaux et les jambes disparaissaient aussi sous l'enveloppe calcaire.

On eut beaucoup de peine à détacher cette tombe pierreuse des parois granitiques, et il fallut encore élargir le puits pour le ramener à la surface du sol. Le calcaire s'était moulé sur la fosse et s'y était sans doute chimiquement précipité.

On fit mordre à l'acide; c'était évidemment de la chaux siliceuse de tous points semblable à la chaux terrestre. On scia à mi-corps et transversalement; on parvint vite à mettre complétement à nu une véritable momie admirablement conservée, bien qu'un peu carbonisée en différents points. Les pieds, très-courts, ne purent être retirés que très-endommagés; la tête sortit à peu près intacte; pas de cheveux; peau lisse, plissée, passée à l'état de cuir; forme du cerveau triangulaire; visage singulier en lame de couteau, une sorte de trompe partant presque du front, en guise de nez; une bouche très-petite, avec quelques dents seulement ; deux fosses orbitaires dont on avait sans doute retiré les yeux, car les cavités étaient pleines de concrétions calcaires ; bras très-longs, descendant jusqu'au delà des cuisses ; cinq doigts, dont le quatrième beaucoup plus court que les autres. Apparence généralement grêle.... La peau, calcinée un peu partout, devait sans doute être jaune rougeâtre.

On s'occupe du reste de faire mouler ce singulier habitant des mondes interplanétaires, et nous pourrons en envoyer bientôt des dessins.

Il n'avait rien à côté de lui ; pas une arme, pas un objet d'ornement ; on retrouva seulement en dehors de l'espace fossilifié une petite rondelle métallique recouverte d'argent sulfuré avec plusieurs lignes très-profondément gravées.

Il était impossible de douter que l'on eût là sous les yeux une créature analogue à l'homme qui habite la Terre et venue de l'espace à une époque extrêmement reculée, puisque l'aérolithe a dû tomber à une période géologiquement très-ancienne. Mais d'où est tombé cet homme planétaire? De la Lune, il n'y fallait pas songer sérieusement. Les aérolithes arrivent avec une vitesse telle qu'elle exclut une origine lunaire.

La discussion durait depuis longtemps lorsque M. Murchison, en examinant les lignes qui sillonnaient l'envers de la plaque qu'on avait fini par desceller, reconnut le dessin très-net d'une sorte de rhinocéros, puis d'un palmier, et plus loin, au coin opposé, une représentation très-réussie d'un astre que l'on pouvait assimiler au Soleil tel que le dessinent les enfants.

En examinant de plus près le métal noirci par les réactions chimiques; en le lavant, la commission découvrit à côté de l'astre qui paraissait représenter le Soleil un autre astre plus petit, puis plus loin une autre étoile, une troisième, et enfin plus loin encore, un globe figuré beaucoup plus gros que le Soleil. En mesurant les distances, on trouva sensiblement celles qui séparent les planètes Mercure, Vénus, la Terre et Mars, du Soleil.

Il y avait là, un indice bien suffisant pour éclaircir la question. N'était-il pas permis de conclure, en effet, que l'animal dont on venait de trouver si étrangement un spécimen, connaissait les planètes et était par conséquent un être pensant; donc un homme. La grosseur tout honorifique accordée à la planète Mars au détriment des autres ne décèle-t-elle pas l'amour-propre de l'habitant, et en même temps les défauts moraux de l'espèce humaine interplanétaire?

L'aérolithe, selon toute probabilité, provient donc bien de la planète Mars, notre voisine, du reste. Nous pouvons considérer comme hors de doute que les planètes sont bien réellement habitées et qu'elles le sont par des créatures qui peuvent se rapprocher beaucoup de celles qui sont sur Terre.

Scientifiquement, au surplus, c'est le milieu qui paraît faire l'espèce; Mars se trouve à peu près dans les mêmes conditions biologiques que la Terre : on y voit des montagnes de glace, des océans, des continents; il n'y a donc, en définitive, rien de si admissible que d'y soupçonner l'existence d'hommes très-analogues à nous-mêmes.

Si le type qui vient d'être découvert est un peu différent, il faut se rappeler que, biologiquement, Mars est en avance sur la Terre, que l'aérolithe est tombé depuis des milliers d'années, et qu'à cette période de sa vie, ses habitants pouvaient être distincts de l'espèce actuelle de la Terre. Il ne faut pas en déduire que Mars n'a pas eu ou n'a pas encore en ce moment des habitants absolument semblables à ceux de la Terre.

Maintenant comment cet aérolithe est-il venu sur Terre, comment est-il sorti de la sphère d'action de Mars? ce sont là tous points difficiles à comprendre et qu'il faut soumettre aux recherches de la science moderne.

L'aérolithe a entraîné avec lui une portion du sol renfermant sans aucun doute un tombeau; ce qui nous permet de savoir comment on exhume les morts dans cette planète.

On taille tout bonnement dans le rocher une fosse de grandeur voulue et on conserve le corps en le fossilifiant à l'aide d'un bain chargé de sel calcaire, absolument comme la fontaine Saint-Allyre que vous possédez près de Clermont le fait des objets qu'on plonge dans ses eaux : le corps se métamorphose en pierre calcaire.

Encore un pas de fait dans la science, et quel pas! Il y a un quart de siècle, on refusait de croire aux pierres qui tombent du ciel. L'Académie de France, les sociétés d'Angleterre et d'Allemagne ne se sont rendues que lorsque leurs membres ont failli être écrasés sur place par les aérolithes! Que va-t-on dire maintenant qu'un homme tout entier, parfaitement conservé, nous est tombé de Mars et est venu lui-même nous révéler l'admirable harmonie qui préside à l'évolution des mondes !...

A bientôt les dessins promis.

LETTRE II

Où les noms de deux Américains menacent de devenir immortels. — Est-ce un canard ou une réalité? — Avis de deux feuilles rivales. — Cancans à Indépendance et à Leawenworth. — Où l'industrie humaine tire parti de tout. — Au bas de la Cordillère. — Dons et dames patronnesses. — Des académies. — Que penser de la momie? — Où l'on assure qu'elle nous arrive de Mars. — Son portrait. — Singulières apparences. — Logogriphe à déchiffrer.

Bien que vous ayez sans doute eu de nouveaux détails sur l'aérolithe du Pic James par les journaux anglais, je vous transmets de la fouille même des renseignements plus exacts.

Que dit-on en France de la découverte de MM. Paxton et David? ici le public est toujours en rumeur. Je suis arrivé, non sans difficultés, samedi soir, et j'ai pu vérifier tout ce que je vous avais écrit de Richmond.

Si nous n'étions pas en guerre, et sans la longueur du parcours, on ne pourrait plus tenir dans Leawenworth, la dernière station de la route. On se dispute déjà la nourriture et les guides. M. John Paxton a cependant eu l'heureuse idée, pour se débarrasser des importuns, de faire insérer dans les deux feuilles rivales de Saint-Louis et de Springfield que tout ce qu'on avait dit jusqu'ici n'était qu'une fable grossière et ridicule inventée à plaisir par les gens de la localité pour écouler à meilleur prix leur viande et leur grog. Mais les curieux ne sont pas tombés dans le piége, et tous ceux que la fatigue ou l'ennemi n'effrayent pas dirigent leurs pérégrinations de ce côté.

Au fort de Mann, j'ai vu arrêter plusieurs officiers que l'importance de la découverte avait entraînés jusque dans les lignes ennemies.

Le chemin le plus direct est d'abandonner le Missouri à Indépendance ou à Leawenworth et de remonter en pirogue jusqu'aux premiers rapides la rivière Bleue, qui prend sa source dans la Cordillère; il faut ensuite continuer à dos de mulet jusqu'au fort Mann, où les autorités ont bien voulu mettre à notre disposition le boat du commandant. On reprend la rivière Arkansas pendant deux jours de marche jusqu'au fort Bentz. Là, l'Arkansas cesse d'être navigable, et il faut avancer dans la montagne au milieu des forêts et des rocs.

Le Pic James a plus de 3000 mètres d'altitude; c'est un soulèvement à travers le nouveau grès rouge avec affleurement de terrain jurassique, injection de roches cristallines. L'exploitation de MM. Paxton est située sur le terrain carbonifère au contact des roches porphyroïdes. C'est là qu'on a trouvé l'aérolithe. La chute paraît être antérieure à celle du soulèvement de la Cordillère; il est incliné effectivement dans le sens des couches avoisinantes.

Quand je l'aperçus, l'autre jour, pour la première fois, il me fit tout d'abord et de loin l'effet d'une énorme boule noircie par le feu. On l'a à peu près dégagé des terres et des roches voisines; il se montre en relief comme enchâssé dans le sol. Tout autour, on a fait une grande tranchée, mais on a laissé les arbres et les plantes, qui s'entrelacent confusément depuis la forêt jusqu'à la fouille, et font encore mieux ressortir la teinte volcanique du bolide. Il est tout dentelé, tout crevassé; quelquefois des facettes polies comme du verre réfléchissent les rayons du soleil et vous brûlent le regard.

On a laissé sur le quart environ de la fouille les terres qui l'entouraient; elles forment une sorte de pont de service pour les travaux. Au centre, en effet, a été creusé le puits; il a environ 12 mètres de profondeur sur 2 mètres à l'ouverture, et 1 mètre 25 centimètres à peu près à la base. Du reste, je n'ai pu descendre, car on travaille maintenant très-activement. Il a été décidé qu'on percerait la masse d'outre en outre, et qu'on ferait ensuite sauter à la poudre sur différents points pour compléter l'exploration.

L'Académie des sciences de Saint-Louis a montré un empressement qui l'honore. Elle a voté à l'unanimité une allocation de deux mille dollars pour l'exécution des recherches. Votre Académie des sciences montrerait-elle plus de zèle et de libéralité ?

Les habitants de Leawenworth, de Batesville, de Karkabia et d'Indinapolis font une souscription. MM. Paxton ont déjà reçu mille dollars. C'est à qui participera suivant ses ressources à l'œuvre commune. M. Paxton a également envoyé en échange aux dames patronnesses des colliers et des coupes en pierres du bolide.

On commence à vendre, du reste, à très-haut prix, des échantillons de la masse, des petites figurines représentant grossièrement la momie trouvée au milieu de l'aérolithe. On m'en a fait une quatre dollars à mon passage à Indinapolis. C'est une source de richesse inattendue pour les ouvriers et les habitants de l'intérieur.

On bâtit de petites maisons de bois le long du chemin, depuis le fort Bentz jusqu'à l'exploitation, et on élargit le passage à travers la forêt James.

Évidemment on ira là cet été comme vos Parisiens vont à Biarritz, à Ems, à Bade. J'ai déjà rencontré au delà du premier rapide de l'Arkansas un groupe de touristes de Saint-Louis, composé en partie de femmes, et des plus élégantes de la ville; j'ai reconnu la fameuse mistress Howard, dont vous savez sans doute l'histoire.

Elle a joué un grand rôle dans la dernière campagne. Emmenée prisonnière par deux officiers de Grant. elle s'est fait aimer du premier aide de camp; deux duels s'en sont suivis, et elle a fini par ramener au camp de Lee, enchaîné par sa beauté, le chef d'état-major de la cavalerie fédérale. Elle habite Saint-Louis depuis l'hiver.

L'exploitation de MM. Paxton et Cie est peu considérable. Située sur le versant ouest de la montagne, très-loin des villes, elle n'était guère connue jusqu'ici que des officiers du fort Bentz, qui poussaient quelquefois leurs promenades jusque-là.

Deux grands corps de bâtiments, reliés par un pavillon central, plusieurs magasins en planche noircie par les intempéries, une ferme et au loin les hangars destinés à emmagasiner le schiste carbonifère, et les cabanes des ouvriers, voilà toute la propriété.

En ce moment, M. Paxton fait construire pour les voyageurs une grande maison en planches analogue aux haciendas de l'Amérique du Sud.

La commission scientifique est déjà nombreuse. On lui a réservé l'aile gauche de l'habitation; on attend du reste de Philadelphie et de Richmond deux de nos zoologistes les plus autorisés : MM. Wi et Zeigler. Ils ont été arrêtés à Pé mais une lettre apportée ce matin annonce leur arrivée prochaine.

M. Murchison, qui était présent au moment de la découverte, a bien voulu se charger, avec M. Davis, de la direction des recherches.

On creuse au pic, en donnant au trou un diamètre de 1 mètre 50 centimètres. La roche est toujours porphyroïde, très-analogue d'aspect aux éjections de même nature qui se font jour au milieu de nos schistes métamorphiques, on y trouve des cristaux métalliques en abondance.

Tout ouvrier qui rapportera un indice curieux, un vestige d'objet ouvré, recevra une récompense de deux dollars. Ils ont ordre de n'avancer que très-doucement et avec précaution.

On a retrouvé dans la masse et au niveau de la plaque métallique qui recouvrait le tombeau calcaire plusieurs autres petits bâtons d'environ 50 centimètres de longueur, formés selon toute apparence du même alliage que l'amphore. M. Sawton, professeur de chimie à Indinapolis, arrive ces jours-ci. Les analyses très-précises d'ailleurs de M. Davis vont pouvoir être contrôlées.

L'homme ou animal interplanétaire a été déposé dans le cabinet minéralogique de M. Paxton.

On l'a placé horizontalement dans la position où il a été découvert au sein de la masse rocheuse. M. Davis n'a pas voulu qu'on y touchât et qu'on le débarrassât de sa gangue avant que les savants aient pu l'examiner à loisir; aussi est-il resté comme dans son sépulcre.

On ne l'a pas encore moulé, comme je vous l'avais dit, mais on a fait des photographies et des dessins. Je vous adresse avec ces lignes une vue cavalière de l'aérolithe que je viens de prendre sur place, et un croquis de l'habitant de Mars, si tant est que ce singulier personnage vienne bien de là; considérez-le comme une esquisse enlevée aux notes de mon agenda; il est cependant assez exact pour que votre graveur en tire parti. Vous reconnaîtrez à peu près le portrait que je vous en avais tracé.

Il semble que l'on ait devant soi un de ces vieux sépulcres qui ornent les chapelles des basiliques. Les concrétions calcaires font sculpture et la momie elle-même fait statue. La masse de carbonate de chaux siliceuse dans laquelle le singulier individu est enclavé affecte la forme quadrangulaire. Elle mesure à peu près 2 mètres de longueur sur 75 centimètres de largeur et 50 centimètres de hauteur. On a scié le calcaire transversalement au tiers environ pour mieux apercevoir la momie, en sorte que l'on peut à volonté la détacher du bloc ou la remettre dans sa position première. On a enlevé par places une grande partie de la gangue, ce qui permet de juger de la véritable forme.

Il semble au premier coup d'œil que l'on

ait devant soi un gros singe de 1 mètre 35 centimètres de hauteur couché tout au long et à moitié blanchi à la chaux. Ce n'est qu'en approchant que les détails font repousser cette première impression. Il n'est, en effet, rien de si étrange que la figure. Cela tient tout à la fois du singe, de l'homme et de l'éléphant.

Prenez une tête humaine; frappez le derrière du crâne avec un battoir jusqu'à ce qu'il s'aplatisse de manière à présenter une surface de 30 centimètres; puis continuez en aplatissant les deux joues obliquement. Vous aurez derrière un plan, sur les côtés deux faces triangulaires ; c'est là très-exactement la conformation de la tête.

Du haut de cette espèce de lame triangulaire pend une trompe large à la partie supérieure, mince à la partie inférieure; elle a été très-endommagée; elle mesure encore 15 centimètres sur 4 à 5 de diamètre. Elle recouvre à moitié une toute petite bouche à très-grosses lèvres ; un peu le museau d'un rongeur comme petitesse avec trois dents en bas et deux dents en haut. Au-dessous un menton fuyant et un cou très-long. Épaules étroites. Bras de 80 centimètres. Mains de 30 centimètres. Doigts effilés et pointus, le quatrième plus court que les autres.

C'est par erreur que j'avais dit que les pieds étaient courts. Ils sont plus longs que les mains et assez étroits.

Le crâne est dépourvu de cheveux, mais on ne saurait rien affirmer à cet égard, car il est légèrement carbonisé. La poitrine est velue ou du moins laisse apercevoir dans la gangue quelques poils grisâtres ou rougeâtres. Là où la peau n'a pas été décomposée par la chaleur, elle est brune tirant sur le rouge.

La grande plaque qui recouvrait ce tombeau est très-curieuse. Le métal dont elle est composée n'a pas encore été examiné ; il a les apparences de l'argent noirci par les acides. Il est tout grenu, tout soufflé. La face qui regardait le tombeau est plus unie; on y distingue un très-grand nombre de lignes qui resteront à étudier; des dessins d'animaux fantastiques et d'objets aux formes bizarres.

Dans un coin, près d'une sorte de rhinocéros, on voit très-bien les astres dont j'ai précédemment parlé.

Hasard ou non, c'est bien le Soleil, Vénus, la Terre et Mars, avec leurs distances respectives, puis plus loin Jupiter, Saturne, avec des erreurs dans les distances telles que nous les admettons ici.

Mars a sur le dessin 3 centimètres de diamètre, le Soleil 1, Mercure 1, Vénus 1/2, la Terre 1/2, Jupiter 2, et Saturne 2. Au-dessus, et un peu effacés, on trouve des signes très-serrés qui pourraient bien être des chiffres. Mais je n'anticipe pas aujourd'hui. La commission doit commencer la discussion après-demain; je lui laisserai toute responsabilité.

En haut et à gauche de la plaque, sous une sorte de palmier, M. Davis m'a fait observer plusieurs dessins qui semblent représenter des hommes en tout analogues à celui qui est tombé sur terre; c'est très-certainement cette plaque qui nous permettra d'éclaircir ce mystère, s'il peut être éclairci.

Je vous envoie à la hâte ces lignes. Par le premier courrier je vous rendrai compte des discussions qui vont s'élever ici.

LETTRE III

A Paxton-House. — Une commission de savants. — Mauvaises photographies de MM. Newbold et Greenwight. — Parlez donc plus haut! monsieur le Président. — Un grand géologue. — Un grand astronome. — M. Greenwight à propos de la planète Le Verrier. — Influence de l'éditeur sur l'auteur. — William Seringuier et la réclame. — Les châles Biétry et l'Oléine. — M. Stek (de l'Institut).

La commission a été décidément constituée mercredi dernier et la discussion a commencé dès le lendemain. Le bruit a couru ici que Lyell, le géologue anglais, traversait l'Océan, envoyé par la Société de géologie de Londres. Aucune notification officielle ne nous ayant été faite de ce voyage, et comme il est d'ailleurs impossible de garder ici indéfiniment ces savants qui y sont depuis plus de quinze jours en prévision de ceux qui surviendront encore, il a été décidé à l'unanimité que l'on se mettrait au travail sans aucun retard.

La salle des séances se trouve dans l'aile principale de la maison de M. Paxton ; elle peut contenir largement cent personnes. On a déposé au centre la momie dans son linceul calcaire, les bâtons métalliques, les amphores, et en face de la fenêtre au grand jour la plaque métallique. Tout autour sont rangés des chaises, des escabeaux, puis des banquettes faites pour la circonstance, car les siéges étaient rares à James-House. En face de la porte d'entrée, MM. Paxton ont fait élever une sorte d'estrade pour le bureau.

Au-dessous on a placé une longue table munie de la serge verte sacramentelle pour les secrétaires. Enfin, en arrière, en face du bureau et au delà des siéges de la commission, MM. Paxton ont eu la complaisance de réserver une enceinte pour les journalistes ; il y a ici des représentants de la presse du Nord et du Sud : Washington, Philadelphie, Boston. Nous vivons tous à peu près en bonne intelligence à l'ombre du drapeau scientifique.

Voici les noms des commissaires. Vous retrouverez parmi eux plusieurs de nos célébrités. Je les prends comme je les vois groupés devart moi.

Au bureau, occupant le fauteuil de la présidence, M. Newbold, peut-être le géologue du Sud qui a le plus servi la science; homme de soixante ans environ, formé à l'école des Buchs, Humboldt, etc., qui n'a qu'un tort pour nous, c'est de parler trop bas. Physionomie profonde, œil vif, presque toujours les deux coudes appuyés sur la table et les mains croisées à hauteur de nez; au demeurant, excellent président habitué à manier la sonnette.

A sa droite, le vice-président, M. Greenwight, l'astronome le plus marquant de Philadelphie. Grand, blond, énergique, bien constitué, Yankee d'apparence et de fait. Sa réputation date de longtemps déjà. Sorti de l'École des officiers de New-York, il s'adonna d'abord à la chimie, étudia l'eau oxygénée et s'éprit tout à coup d'un vif amour pour l'astronomie. Appelé par les circonstances à Philadelphie, il découvrit deux petites planètes et retrouva à plusieurs jours d'intervalle la fameuse planète Neptune de M. Le Verrier.

Il est d'un caractère droit et loyal, bien que Yankee. Et le jour où les journaux français vinrent lui annoncer que sa planète avait été déjà trouvée par un astronome de Paris, il courut de suite à l'Académie et prononça cette phrase qui fit beaucoup sourire la gauche :

« Messieurs, qu'on ne s'y trompe pas, Le Verrier le premier a découvert sans télescope et par les seules forces du calcul l'astre que j'ai aperçu le 27 septembre. C'est unique, c'est merveilleux. Le Verrier est désormais le Christophe Colomb du ciel. Pour moi, messieurs, je n'en serai jamais l'Améric Vespuce. Il faut rendre à César ce qui appartient à César. »

On n'a pas oublié à Philadelphie, néanmoins, que si M. Le Verrier avait été malade quelques jours ou s'il s'était trompé dans une addition, l'honneur de la grande découverte revenait à l'Amérique. A quoi tiennent les honneurs!

M. Greenwight parle bien. Sa voix est puissante et nerveuse.... mais quelquefois trop riche en *heu, heueueu!* vous savez ce *heu* qui sert de trait d'union à deux paroles boiteuses. Nonobstant, c'est un orateur, et même un orateur qui occupe un bon rang dans nos assemblées politiques. Très-considéré à Philadelphie, il est évidemment de ceux qui, à Paris, seraient grand'croix de la Légion d'honneur.

A gauche du président sont assis MM. Wintow et Ring, un zoologiste et un ethnologiste.

M. Wintow est le plus singulier petit homme que l'on puisse voir : professeur à Washington, décoré des ordres de Russie, d'Italie et d'Espagne, il n'en paraît pas moins mécontent et grinchu. Il s'est fait naturaliser Américain, car il était Anglais de naissance. Il occupe la chaire de zoologie de Washington depuis plus de vingt ans ; je crois que c'est le doyen des zoologistes.

Très-bien avec tous les pouvoirs, avec l'Église, il a couvert l'Amérique de petits traités à deux schellings et de grands traités à quatre et même cinq dollars, édités chez Nossamm et fils, le libraire de l'École de médecine de la ville. Il est très-connu des étudiants et leur examinateur. Il est membre de l'Académie de Philadelphie et porté comme membre correspondant de l'Institut de France. C'est un homme arrivé et qui n'a plus qu'à faire arriver son fils Alphonse.

M. Rink est plus grand de quelques décimètres que M. Wintow, son illustre confrère ; il est cependant plus petit dans l'opinion des académies de province. Il a la parole facile, mais épineuse et grinçante. Il professe depuis nombre d'années l'anthropologie, et personne ne s'en plaint, surtout ceux qui s'occupent d'économie politique. Il collabore à la *New-Review* et fait la cour aux journalistes.

On le dit très-bien avec William Seringuier, qui siége à quelque pas de moi, par parenthèse. Ce nom-là vous aura sans doute agacé les nerfs plus d'une fois ; on le voit aux quatre coins de l'horizon des réclames, comme chez vous les châles Biétry ou l'Oléine pour attraper plus vite les poissons.

William Seringuier a fini, grâce à l'annonce, à la maison Hacken et Cie, de New-York, certainement la plus puissante d'Amérique, grâce surtout à la bêtise de quelques-uns de ses confrères, il a fini par se faire une réputation dans le gros public des marchands, affriandé de gravures et de mots soufflés. Il est reçu chez M. Rink, qui lui rend ses visites.

M. Rink est à tout prendre un homme du monde et un excellent naturaliste. Le président M. Newbold le regarde quelquefois du coin de l'œil entre ses doigts croisés. M. Newbold en effet n'a jamais voulu entendre parler de l'homme fossile, c'est pourquoi il est accouru voir l'habitant de la planète Mars, et M. Rink est le défenseur le plus énergique, le plus grand, après M. Shafford, du même homme fossile. Ici, comme chez vous, nos savants ne sont pas toujours d'accord.

A gauche, au bout de l'estrade, se tient un petit être gris, des cheveux jusqu'aux talons, admirablement rasé, pas beaucoup plus grand que l'habitant de Mars, mais mieux de tournure. C'est le secrétaire perpétuel de la Société d'agriculture de Boston, ici secrétaire-adjoint, un agronome greffé d'un chimiste et d'un industriel. Il a un peu de Méphistophélès dans le regard et dans le sourire. Il est dit-on, l'auteur, avec un poëte célèbre, d'un traité sur les *Coprolithes* qui fit certain bruit en son temps.

Au-dessous de l'estrade sont plus ou moins commodément assis devant la serge verte deux de nos anciennes connaissances, M. Paxton et M. Davis, et un troisième savant que je me fais un plaisir de vous présenter ; vous le connaissez de réputation : M. Stek.

Il est astronome, journaliste, naturaliste, officier, bibliophile, poëte, érudit, helléniste, météorologiste, géologue, chimiste, physicien, professeur, examinateur, ingénieur, courriériste, modiste..., et j'en passe. Grand ami du désordre, c'est de lui le paradoxe : « Le désordre, c'est l'ordre. »

Il porte soixante-dix ans. Il ressemble un peu à Quasimodo, à votre Quasimodo, et cependant il est beau.

Il a du Dante dans l'expression, du Byron dans la démarche ; il est tout courbé, et pourtant il paraît grand et fier. Il a le visage pommelé, et je sais qu'il fait rêver les caractères romanesques. Sa chevelure est grise-brune, tournant à la voie lactée ; elle flotte au vent et abrite ses yeux renfoncés ; il ne les peigne jamais : car le désordre, c'est l'ordre, et encore une fois l'opinion publique lui donne raison.

Il ne tient pas toujours ses yeux ouverts. Lorsqu'il prépare un distique, il les entr'ouvre. S'agit-il d'un calcul interplanétaire, il les ferme tout à fait. Fait-il une causerie, car il excelle dans l'art de causer, il les ouvre et les ferme alternativement pour marquer le rhythme de sa conversation. S'il avait des ennemis, — il n'en a jamais eu, — il les tiendrait bien sûr tout grands ouverts.

Stek prise et fume suivant les cas. Il ne dit jamais de mal de ses confrères en science ou en journalisme, mais il n'en pense pas moins. Combien de fois l'avons-nous surpris riant, à s'en trouver mal, des erreurs ou des satires d'autrui, et écrire le lendemain que l'œuvre se lisait, était intéressante, et se tirerait à dix mille exemplaires! Si je ne le savais né à Pétersburg, je le prendrais pour un Normand, un vrai Normand! Il a les doigts très-effilés et le nœud philosophique. La confusion n'est pas possible.

Stek a fait de beaux travaux, mais il aurait pu en faire de plus beaux. Il est trop papillon; c'est un savant artiste, non un artiste trop savant. Ses deux natures se heurtent et se gênent. Il se met mal, et cela peine l'Académie de Philadelphie, qui tient beaucoup à l'étiquette. Le pantalon trop court laisse voir les bas trop longs; la chemise bâille à son aise dans un gilet vierge de boutons, et la cravate décrit une trajectoire allongée autour du cou et promène son nœud lâche du couchant au levant.

Le mouchoir trop souvent pend de sa poche et flotte comme un pavillon national au mât de misaine. La redingote olive se fait vieille comme son maître, mais elle redresse ses pans en arrière et ses revers en avant comme pour protéger Stek du contact de la multitude. — Que de gens l'achèteraient cher, cette redingote qui fait le désespoir des académiciens de Philadelphie?

Stek est un véritable type. Frappez à sa porte : s'il est de bonne humeur, il vous fera

entrer ; s'il s'est mal levé, il vous dira :
« Je n'y suis pas, monsieur ; revenez dans
une heure ; » et il vous fermera la porte
au nez.

Au bout d'une heure repassez.

« M. Stek y est-il ? » — Stek ouvre et
ferme les yeux deux fois. Il tire sa montre
et la regarde comme il regarderait une nébuleuse :

« C'est bien, dit-il, il est l'heure : entrez,
monsieur. »

Entrer est chose commode à dire, mais
pas si facile qu'on le croit. Stek enjambe,
saute, glisse, tourne et avance, mais le visiteur reste sur place. Un couloir est devant
lui. A droite, à gauche, des monceaux de
livres montant jusqu'au plafond et disposés
comme deux talus de chemins de fer. Il faut
s'engager dans cette tranchée ; des blocs,
des rochers de brochures, de vieux livres
agglutinés par la poussière gênent le passage : un vieil instrument de physique
oublié barre la route comme un pont.

La lumière est à peine admise dans ce sanctuaire.

« Mais allez, mais allez donc, monsieur! crie Stek en ricanant; nous n'arriverons jamais. »

Le visiteur encouragé s'élance, et, après quelques faux pas, quelques chutes, parvient dans une première pièce.

Même aspect: des tunnels de livres, des murailles d'opuscules et de mémoires. Stek ne lui laisse pas le temps de souffler. Il disparaît derrière un nouveau talus imprimé. Il faut suivre, coûte que coûte. On tourne le défilé.

« C'est ici, fait Stek, qui se trémousse dans cette poussière comme un tardigrade dans une gouttière. »

Où diable est-il? pensez-vous en le cherchant dans une énorme chambre toute garnie de stalactites et de stalagmites de livres bizarres. Un petit bruit comparable à celui d'un hérisson qui passe dans le feuillage vous met sur la voie. Stek est déjà assis sous un arc de triomphe de volumes appartenant à toutes les librairies du globe. Derrière lui une cheminée vide en été, avec un tison en hiver ; une petite table ; un encrier, un crayon dessus et du papier. A côté une tabatière et un bout de cigare orné de sa cendre.

« Asseyez-vous, monsieur, et causons. »

Le visiteur cherche un siége. Ses regards n'en rencontrent aucun.

« Les moments sont précieux, monsieur : que puis-je pour votre service ? Asseyez-vous. »

Quatre bouquins poussiéreux étalent leur nudité devant l'âtre ; le visiteur s'y pose avec reconnaissance.

« J'ai inventé, dit-il, le moyen de diriger les ballons, et je viens vous demander conseil ! J'ai pris une souris, je l'ai attelée à un petit manége d'enfant. A l'axe du manége j'ai adapté quatre ailettes faisant hélice comme dans un moulin à vent, et j'ai vu les ailettes se visser dans l'air, emportant mon manége et ma souris. Comme celle-ci se débattait et tournait de plus en plus vite, saisie de frayeur, le manége et les ailettes s'envolaient de plus en plus haut. Je les perdis bientôt de vue.

— Monsieur, dit Stek, vos ailettes emporteraient encore mieux un éléphant. Vous et votre souris, vous avez résolu le grand problème de la direction des ballons. Ce n'est plus qu'une question de technologie; la solution scientifique est trouvée. Rasseyez-vous.

— Je le pense, monsieur Stek, mais quelques minutes après, en allant chercher une autre souris et un autre manége pour recommencer l'expérience, j'ai entendu un grand sifflement : une petite masse noire tombait à quelques mètres de moi, et je n'eus pas de peine à reconnaître ma première souris et mon premier manége. La souris était morte et les ailettes en pièce.

— Monsieur, le temps est précieux et la vie est courte, votre système est extrêmement ingénieux, et vous enlèveriez avec cela un éléphant, vous dis-je. Ne vous inquiétez pas du reste. C'est une question technologique. Ceci ne regarde plus les savants, mais les mécaniciens et les ouvriers. Travaillez avec persévérance et revenez prendre mes avis quand vous aurez réussi. »

Le visiteur se retire, éclairé sur son système, et s'en va comme il peut, guidé par son hôte et parfaitement convaincu que le désordre, c'est l'ordre. Tel est Stek.

J'oubliais de dire qu'il ne reçoit que le dimanche. Il s'est fait par son originalité une grande renommée, et il n'y a pas d'homme plus populaire en Amérique. On dirait à quelqu'un : — Stek va venir là tout à l'heure, qu'à coup sûr on le retrouverait attendant patiemment encore au bout de plusieurs heures.

Je ne saurais passer en revue tous les assistants, je craindrais de vous fatiguer ; j'en choisirai encore quelques-uns parmi les plus marquants, les plus bavards, pour que vous ayez bien dans la suite la physionomie des débats. Autour du bureau et en avant sont rangés tous les autres membres : ce sont MM. Haugton, professeur de paléontologie à Boston ; M. Liesse, professeur de géologie à Albany ; M. Saunter, directeur de l'Institut de Nashville ; M. Ziegler, président de l'Académie de Richmond ; M. Saxton, titulaire de la chaire de chimie d'Indianopolis ; M. Murchison, membre de la section de géologie de l'Institut de Washington ; M. Oupeau, médecin principal de l'hôpital de Baltimore ; MM. Skrimpton, Liess, White, Millon et Karter, de l'Académie de Saint-Louis ; M. Owerght, professeur d'astronomie physique à Richmond ; M. Sawen, ingénieur en chef des constructions navales à Annapolis ; M. G. Mitchell, anatomiste très-distingué de Francfort ;

MM. les officiers d'artillerie Saunters, Cayley, Mérit et Bug ; M. Sieman, professeur de chimie et de docimasie à l'École des mines de Washington ; M. Logan, astronomeadjoint à Pétersburg ; M. O'Clintock, examinateur de physique à l'École des Mines ; M. Larrab, directeur du *Journal d'Agriculture* de Washington ; M. Richardson, ingénieur de l'établissement Filox et Cie ; M. Engelhard, professeur de cosmographie à Springfield ; M. l'abbé Amaurose, missionnaire français habitant Nashville depuis dix ans ; M. Gouge, membre de la Société géologique de Londres ; M. Evans, professeur de mathématiques à Indianopolis, et enfin votre très-humble serviteur.

LETTRE IV

Mise en scène.— Suite. — Les journalistes. — William Seringuier. — L'abbé Omnish. — Williamson. — Noirot de Sauw. — De la difficulté de commencer par le commencement. — Discussion. — L'infiniment petit et l'infiniment grand. — Astronomie moléculaire. — Ce que c'est que la matière. — Danse diabolique de tout ce qui nous entoure. — Étoiles lilliputiennes. — Deux cent cinquante mille ans pour compter ce que renferme d'astres la pointe d'une épingle. — L'harmonie dans l'univers.

Nous sommes en nombre, vous le voyez, et nous avons encore derrière nous les correspondants de nos principaux journaux. William Seringuier, malgré sa paresse traditionnelle, a fait le voyage. L'abbé Omnish, sans contredit notre premier vulgarisateur scientifique, est à son poste. Aussi, A. Williamson, le prétentieux rédacteur du *Strand* de Washington, puis Noirot de Sauw, un médecin de Molière, ressuscité au dix-neuvième siècle.

Quelques mots bibliographiques encore,.. et j'en finirai avec cette trop longue mise en scène.

Je suis bien forcé de vous dire en effet que Haugton, que j'ai mis en tête de la liste, passe à notre époque pour un des premiers paléontologistes. Il est à peu près jeune, et, à l'inverse de Stek, il ne sort jamais que le stik en main et que la main dans des gants ajustés. Sa taille serrée indique un ancien militaire. Je crois qu'il a servi autrefois. Il est très-bienveillant, dit-on, en tous cas, très-indulgent; peut-être un peu trop à l'eau de rose, malgré sa tournure militaire. C'est lui, qui en présentant à l'Académie de Boston, il y a deux ans, un des ouvrages blafards de William Seringuier, s'écriait dans un mouvement d'éloquence comique : « Enfin, que dirai-je de plus à l'Académie? l'auteur, avec son habileté ordinaire, a su retirer toutes les épines de la science pour n'en laisser que les roses. »

Le mot est devenu historique, et, quand

on veut désigner Haugton, on ne manque pas de dire : Le paléontologiste aux roses sans épines. Il est de fait que M. Haugton est un gentleman dans toute l'acception du mot.

Vous signalerai-je Liesse, professeur à Albany, ingénieur des mines, élu il y a deux ans déjà membre de l'Académie? Il est long et maigre, il a beaucoup travaillé le métamorphisme, comme son confrère l'ingénieur Vanbrée, qui moins heureux que lui, attend encore un fauteuil. Liesse a fait des aérolithes, sa spécialité académique. Il était ici l'un des premiers. — Oupeau, un médecin de Baltimore reconnaissable dans tous les pays du monde à sa cravate blanche qui lui monte au-dessus des oreilles et à la roideur de son torse. Ce n'est pas un orateur, il s'en faut. — Owerght, professeur d'astronomie physique à Richmond, un ami de l'astronome Grœnwigh, bon mathématicien.

Il faut bien s'arrêter : je n'en finirais jamais, et mon papier diminue à vue d'œil. Je dépeindrai, s'il y a lieu, au fur et à mesure de la discussion.

C'est mercredi, 22 juin, que la commission a tenu sa première séance, et quelle séance! Ouverte à une heure, elle n'a été levée qu'à sept heures; il n'en est resté pour moi cette première fois qu'un fait parfaitement acquis : c'est qu'il n'y a rien de si difficile que de commencer par le commencement. C'était à qui prendrait la parole et réglementerait la marche de la discussion. Newbold suait à grosses gouttes à force d'agiter la sonnette et ses mains se croisaient et se décroisaient comme une bielle de machine à vapeur.

Commencerait-on par discuter la possibilité de la chute sur la terre des corps célestes? question avant tout astronomique et sur laquelle Greenwight insistait tout particulièrement. Ne se préoccuperait-on, au contraire, tout d'abord que d'examiner la momie au point de vue physique, physiologique? Ne serait-il pas préférable d'examiner le sujet au point de vue chimique? Et la sonnette s'agitait, et MM. Wintow et Rink faisaient grincer leur voix; MM. Sawton, Davis, Murchison, tapaient du poing sur la serge verte; M. Stek fermait les yeux; Newbold essayait de parler; William Seringuier criait tout haut de sa place que Newbold n'avait pas de sens commun, et que s'il était à sa place, le silence se rétablirait vite : Quel bruit! vous n'en auriez guère l'idée qu'en vous reportant aux beaux jours de vos débats parlementaires.

Greenwight finit néanmoins par conserver la parole.

« Messieurs, dit-il en se ravisant, il me semble que le débat s'égare et que ni l'astronomie, ni l'anthropologie, ni la physiologie, ne doivent avoir le pas ici. Tout doit être repris avec ordre. Or, d'abord de quoi s'agit-il? d'un aérolithe. Donc, la parole revient de droit et de fait aux géologues et aux chimistes : une fois ce point éclairci, je pense qu'il sera convenable de voir de quel coin du ciel cette masse nous arrive, si elle n'est pas d'origine terrestre; ceci regardera les astronomes et les physiciens; enfin viendra le tour des physiologistes, des paléontologistes, etc. Le hasard, du reste, messieurs, nous a montré le chemin. N'avez-vous pas pris pour président un géologue, pour vice-président un astronome et pour secrétaires un zoologiste et un anthropologiste?

M. NEWBOLD. M. Greenwight me semble avoir raison, et si la commission n'y voit aucun inconvénient, je résumerai l'ordre du jour ainsi : discussion géologique, discussion astronomique, discussion anthropologique. »

Personne ne demande la parole.

Toute la salle l'avait prise sans la demander.

Un coup de sonnette prolongé.

« La décision est adoptée, » murmure le président en se croisant les mains.

La parole est à M. Paxton d'abord et à M. Davis ensuite.

Ils racontent dans tous leurs détails les différents incidents de la découverte de l'aérolithe. Vous les connaissez.

M. Davis montre ensuite les analyses qu'il fit de la surface du bolide. M. Paxton, qui les a reprises depuis, donne les siennes. L'accord est à peu près parfait..

M. SIEMAN, professeur de docimasie à l'École des mines, petit, railleur, et très-sceptique. — M. Sawton pourrait-il me dire s'il est bien sûr d'avoir constaté la présence du cœsium? L'analyse porte traces. Comment a-t-on opéré? Je demande pardon d'insister, mais la commission se rappellera peut-être que j'ai trouvé le cœsium, il y a deux ans déjà, dans plusieurs espèces minérales : l'*aphanèse*, le *nickelocre*[1], la *triphyline*[2], la *panabase*, la *bournonite*[3], et ceci a pour moi un intérêt direct.

---

1. Minéraux formés, l'un d'arsenic et de cuivre; l'autre d'arsenic et de nickel.
2. Minéral composé de phosphore combiné à du fer et à du manganèse.
3. Combinaisons de soufre avec l'antimoine et le cuivre.

M. SAWTON. J'ai tout uniment opéré avec le spectroscope, et la raie caractéristique s'est montrée dans presque tous les échantillons placés dans la flamme.

M. SIEMAN. Vous n'avez trouvé aucune substance étrangère à la terre?

M. SAWTON. Non.

M. DAVIS. J'ajouterai que certains cristaux, ceux d'argent, par exemple, n'affectent pas la même forme qu'ici. J'ai trouvé l'argent cristallisé, non plus dans le système octaédrique, mais dans le système prismatique carré.

LE PRÉSIDENT. M. Davis a vu le bolide au moment où il était encore enclavé dans les terres. Les affleurements étaient-ils horizontaux?

M. DAVIS. Non, monsieur le président, mais inclinés N. 33° O.; pour moi, il n'y a pas le moindre doute que l'aérolithe est tombé à une époque géologiquement ancienne, car on retrouve à très-peu près cette inclinaison dans son axe principal. Très-certainement il était en place, quand la Cordillère, en se soulevant, a relevé les couches voisines.

M. NEWBOLD. Je ferai remarquer à M. Davis qu'au-dessus du terrain carbonifère, il existe un dépôt variable de 1 mètre à 3 mètres de hauteur. Ce dépôt n'est pas diluvien, et dans la carte que j'ai moi-même dressée, et certes pas pour la circonstance, il est noté *terrain d'éboulement* ou *meuble*. Il provient du sol des forêts vierges. Est-ce sur cette couche que M. Davis a mesuré l'inclinaison? Elle n'aurait dès lors aucune valeur.

M. DAVIS. La couche était enlevée quand je suis arrivé, et je n'aurais d'abord pris mes mesures, bien entendu, que sur les dépôts anciens.

M. WINTOW. Vous n'avez reconnu aucune trace d'ossements humains dans cette couche supérieure, aucun silex taillé?

M. PAXTON. J'ai trouvé un peu plus loin, dans une fouille au N. O., un amas de bouts de flèches en pierre et des ossements d'aurochs, je crois. Mais les flèches étaient en porphyre et non en silex.

M. RINK Je vous demanderai à voir ces objets, monsieur Paxton. L'Institut de France se préoccupe beaucoup de ces questions. M. de Quatrefages sera heureux que nous lui envoyions quelques spécimens. M. Lyell, de son côté, recevra avec intérêt les détails que vous voudrez bien lui donner.

M. LE PRÉSIDENT. Messieurs, nos séances sont chargées. Permettez-moi de vous ramener à la question. Le premier point à élucider est celui-ci : la masse rocheuse découverte par M. Paxton est-elle bien un aérolithe? Je crois que personne ne doute que la composition et le gisement semblent le prouver. Pour moi, je ne pense pas qu'on ait jamais trouvé sur terre aucune roche présentant ses caractères spéciaux.

M. HAUGTON, le géologue aux épines, appuie par signes l'opinion de M. le président.

M. LIESSE, ingénieur des mines, demande à faire une observation. Je pense, en effet, dit-il, que l'on a bien mis à nu un véritable aérolithe, mais, pour mettre notre décision à l'abri de toute critique, il me paraît important de voir si l'on ne trouverait pas dans les environs et dans la même formation des roches analogues à celles-ci par la composition. Ne pourrait-on supposer en effet qu'il s'est produit à une certaine époque des concrétions, ou une pluie de matériaux d'une composition identique à celle de l'aérolithe? On a des exemples de géodes ou de cristallisations complétement différentes, par la substance qui les compose, des terrains voisins.

M. RINK. On ne peut que gagner à faire ce que demande M. Liesse, mais, à mon sens, la question est jugée. Le vernis noir et épais qui entoure la masse indique des traces de fusion, et la roche n'a pu se fendre que par suite d'un long voyage à travers l'atmosphère et à une vitesse énorme. Donc son origine n'est pas terrestre.

LE PRÉSIDENT. Je mets aux voix la proposition. Que ceux qui sont d'avis de l'adopter lèvent la main.

Un grand nombre de mains se lèvent. La proposition est adoptée.

M. VAUBRÉE. Je demanderai à faire observer à la commission que, bien que l'opinion qu'elle vient d'exprimer ne l'engage en rien sur la véritable origine de la momie, elle n'en a pas moins beaucoup d'importance au point de vue de la constitution planétaire. C'est un bolide, donc il vient des espaces ; donc sa composition est celle des corps célestes ; donc, d'après les analyses faites, les éléments des autres astres seraient à très-peu près ceux de la terre ; dans tout notre système on retrouverait sous différentes formes de cristallisation les mêmes roches, les mêmes métaux.

Il y a donc là, chacun le comprendra, un grand pas de fait. Si les éléments constitutifs des astres sont les mêmes, il est permis de préjuger que tout notre système a une origine commune.

Je n'insiste pas ; j'ai seulement voulu attirer sur ce point l'attention des géologues et des astronomes.

M. MURCHISON. C'est une confirmation pure et simple des théories de Laplace, qui fait de nos planètes et du soleil des débris et des morceaux d'une grosse nébuleuse primitive.

M. OWERGHT. Évidemment ; mais n'aurait-on pas trouvé les mêmes substances ou aurait-on même découvert des substances différentes, qu'il ne serait encore permis de rien conclure, car toute matière est caractérisée par le groupement de ses éléments, la juxtaposition de ses molécules. Or, cette juxtaposition dépend de la température et de la vitesse avec laquelle se produisent ces changements de température. Donc, que dans chaque astre la température ait varié brusquement ou différemment, et voilà autant de causes de transformation de la matière, autant d'origines de substances diverses.

M. O. CLINTOCK. Je tiens à confirmer l'opinion de mon honorable collègue. Il me paraît très-certain, dans l'état actuel de la science, que les corps ne diffèrent que par le groupement moléculaire comme les constellations du ciel sont dissemblables par la position des étoiles. Prenez deux, trois villes quelconques, vues d'un ballon à une grande hauteur; elles différeront peu; ce seront bien des villes, mais, un peu plus près de terre, leur aspect changera, et uniquement à cause du rangement des maisons, de la disposition topographique des rues, des promenades et des édifices.

Tel est le cas pour un minéral ou une substance quelconque. Suivant que les forces naturelles auront placé de telle ou telle manière les rues, les promenades ou les maisons de ces petites villes moléculaires, vous ressentirez une impression différente. Tout dépend là de l'architecte, ici de l'influence de la force prédominante.

M. SIEMAN. J'approuve de tous points la manière de voir de mes savants confrères, et, si la commission m'autorisait à garder la parole quelques minutes (oui! oui!), j'ajouterais que des travaux personnels développant les vues de mathématiciens américains et étrangers me permettent d'avancer qu'un corps quelconque représente très-exactement et en miniature tout un système céleste comme celui que nous apercevons dans le ciel chaque soir; la voie lactée. Les astronomes qui veulent bien m'écouter savent mieux que moi que la terre est une molécule parmi tous ces innombrables astres dont l'ensemble frappe nos yeux comme une longue traînée blanche.

La terre fait partie intégrante de la voie lactée. Hé bien! un corps, quel qu'il soit, prenez, pour fixer les idées, le bois, l'or, le diamant, n'est qu'un amas de constellations moléculaires diversement groupées. Du grand au petit l'analyse est complète. Notre œil n'est pas fait pour apercevoir dans tous leurs détails ces étoiles et ces systèmes infiniment petits. Peut-être d'autres animaux mieux constitués que nous les aperçoivent-ils?

Toujours est-il clair que, si vous pouviez construire un microscope d'une puissance considérable, vous arriveriez avec cet instrument à dédoubler les étoiles moléculaires de chaque petite voie lactée terrestre, comme on dédouble et comme on réduit les nébuleuses du ciel avec les télescopes. Affaire de coup d'œil. Vous verrez alors ce qui vous paraît être un amas confus se ranger avec une symétrie admirable.

Les corps seraient percés à jour; vous découvririez d'énormes interstices, des espaces vides, comme les espaces planétaires; puis, de place en place, des étoiles harmonieusement groupées, et tout autour de chacune d'elle, des atmosphères; et, merveilleux spectacle! tous ces petits astres moléculaires tourneraient avec une rapidité vertigineuse, décriraient des trajectoires plus ou moins obliques; comme les gros astres du ciel; puis, en augmentant encore la puissance de votre instrument, vous finiriez par voir tout autour de chacun des astres principaux d'autres petites étoiles, des satellites comme notre lune, opérant majestueusement et régulièrement leur mouvement de rotation : l'infiniment petit est si infiniment grand !

Tous ces mouvements sont si rapides qu'ils sont insaisissables pour l'homme ! ils sont suffisamment néanmoins pour l'impressionner !

Étranges résultats ! la chaleur, la lumière, messieurs, dont nous ne savions trouver la cause véritable, mais nous l'avons découverte, cette cause !

Ces mouvements infiniment rapides, ils nous choquent, ils nous touchent.

Directement ? non.

Ces petites étoiles ont des masses si petites qu'elles ne produiraient pas sur nous plus d'effet que les grains de sable qui voltigent dans l'air sur le Micromégas du Français Voltaire. Mais ces petits astres, qui grouillent en cadence dans leur milieu intermoléculaire, y trouvent une atmosphère de masse de même ordre que la leur; ils agitent cette atmosphère; ils y font naître des rides comme la pierre jetée dans l'eau produit des cercles concentriques. Et ces ondulations, répétées avec une vitesse de 400 billions par seconde et même de 1000 billions! viennent nous heurter et déranger le mouvement des autres astres qui forment la charpente de notre corps.

Si ces chocs augmentent leur vitesse de translation ou de rotation, nous ressentons une impression de chaleur; si, au contraire, les constellations de notre corps étaient animées de mouvements plus rapides, ces chocs nous feraient perdre de la vitesse, et nous éprouverions une sensation de froid.

Lorsque ces mouvements intermoléculaires se produisent dans des circonstances de masse et de vitesse données, ils impressionnent l'œil; les ondulations de ces petites atmosphères si subtiles viennent frapper la rétine et mettent en vibration, à leur tour, les astres qui la constituent. Nous voyons, nous ressentons l'impression lumineuse. Je reviendrai sur ce point, du reste, dans la suite de la discussion. Je ne suis pas fâché d'avoir montré que les géologues, ou plutôt les minéralogistes, sont des astronomes, de véritables astronomes; ils s'occupent d'*astronomie moléculaire*, au lieu d'étendre leurs explorations dans l'infini des espaces appropriés à l'étendue de la vue humaine.

Il n'y a de différence que dans l'ordre des grandeurs. S'il existait sur terre des animaux infiniment petits et intelligents, il pourrait s'y trouver de véritables astronomes dont les découvertes porteraient au même titre que nous sur la mécanique céleste de ces petits mondes lilliputiens. J'ajouterai encore, et je ne crois pas contrarier par là ni les astronomes ni surtout les minéralogistes, que l'astronomie est, sans qu'il y paraisse, dépendante de la minéralogie. Et le jour où nous aurons trouvé les lois qui régissent les groupements moleculaires, les lois qui gouvernent les mouvements de ces infiniment petits, les astronomes n'auront plus qu'à nous suivre.

M. NEWBOLD. Vous venez, messieurs (plus haut!) de montrer que les dernières particules des corps n'étaient que l'image réduite de ces grands corps célestes qui tourbillonnent dans les cieux : mais la terre elle-même n'est qu'une particule, qu'une molécule même de l'amas que nous désignons sous le nom de *voie lactée*. Nous avons là très-grossie, très-facile à étudier par conséquent, une molécule type qui nous donne l'aspect physique très-exact des dernières molécules infiniment petites dont l'agrégation forme tous les corps que nous voyons. Nous n'avons qu'à passer du grand au petit pour savoir ce qui se passe dans ces interstices moléculaires si infimes qu'ils échappent aux instruments les plus puissants.

Qu'est-ce que la Terre ? une sphère de 1 500 lieues de rayon dont les parties constituantes vont toujours en augmentant de densité de l'extérieur au centre.

Depuis l'origine, les matériaux ont pris place par ordre de densité, les parties lourdes au centre, les parties plus légères à la circonférence. Le plancher sur lequel nous marchons, le sol, véritable écorce rigide et élastique, n'est qu'une mince pellicule moins lourde que ce qui précède; c'est un radeau continu flottant sur la matière interne; on aura une idée de son épaisseur en la comparant à la peau d'une pêche.

Au centre, la matière a plus de masse; ses mouvements sont plus rapides; la température est élevée. A mesure qu'on monte, la masse de la matière est moindre, les mouvements diminuent de rapidité en se communiquant plus facilement à la matière déliée répandue dans l'espace, et la température est beaucoup moindre. Elle devient même à un certain point assez basse pour que les molécules matérielles se **rapprochent** et se juxtaposent assez près l'une de l'autre pour former un sol rigide. C'est l'écorce terrestre.

Au delà, la température est variable, directement soumise aux influences du soleil! La matière est plus rare, les corps sont gazeux; l'atmosphère aérienne succède à la croûte terrestre, et on y retrouve comme dans l'intérieur le même ordre de densités, beaucoup plus de matière à la surface que dans les couches élevées. Le fluide aérien va aussi en se raréfiant de plus en plus, pour se confondre à la limite avec la matière si ténue qui remplit les espaces. (On n'entend pas!) La suite de ces chiffres donnera un peu l'idée du décroissement successif de la masse de la matière, depuis le centre jusqu'à la périphérie :

Globe terrestre.					Atmosphère.			
10	8	6	4	2	1	1/2000	1/4000	1/6000	1/8000

Il se produit, comme le montre cette proportion, un saut brusque au delà de l'écorce. La matière déliée qui a échappé à la combinaison et qui, par conséquent, a le moins de masse, surnage.

C'est l'excès de matière refoulée superficiellement par les réactions internes; c'est une sorte de remous.

Peu à peu, cet excès de matière trouve sa place à l'intérieur, elle se casse lentement, se combine et disparaît. L'atmosphère de toutes les planètes dans l'immensité des temps se réduit ainsi successivement, elle se condense de plus en plus, entre en combinaison stable. Aussi ne faudra-t-il pas s'étonner de voir les hauteurs des atmosphères diminuer progressivement et leur limite se confondre de plus en plus avec la matière subtile et insaisissable des milieux interplanétaires.

Ce que je viens de dire, messieurs, pour notre globe en particulier, pour la molécule terrestre, s'adresse aussi bien à tous les astres, à toutes les molécules planétaires, à toutes les molécules constituantes des corps. Nous allons retrouver les mêmes détails, les mêmes caractères, les mêmes lois dans ces myriades de particules qui font cette table sur laquelle je m'appuie, cette main, cet encrier, tous les objets qui m'environnent.

Soulevez avec le levier d'Archimède l'un quelconque de ces petits mondes miniatures, la molécule qui forme ce morceau de sucre, par exemple ; voyez-les avec des yeux cent millions de fois plus forts que les vôtres. Cette molécule, on vous l'a dit, c'est un assemblage de plusieurs petits astres, d'atomes, si vous voulez leur donner un nom.

Mais remarquez comme c'est beau. Voici tout notre système planétaire. Il y a l'étoile principale, le soleil, puis les planètes secondaires qui tournent tout autour avec une vertigineuse vitesse.

Saisissez les détails et supposez qu'avec une pince sans contredit gigantesque pour ces ténuités sublimes vous enleviez un de ces petits astres.

Cela ne saurait être, quand bien même vous le pourriez, car enlever un astre serait détruire la pondération nécessaire à l'existence de l'ensemble. Vous enlèveriez le mouvement dont il est doué ; vous l'anéantiriez. Admettons néanmoins.

Eh bien ! vous retrouvez là et l'atmosphère et la croûte solide, ou tout au moins la matière plus condensée, et si vous allez jusqu'au centre, vous verrez les couches successives de cet atome imperceptible se disposer encore suivant l'ordre des densités.

Ainsi, un noyau à matière condensée, une atmosphère de moins en moins dense, voilà l'astre moléculaire, l'atome.

Rapprochez tous ces petits astres, vous les verrez tourner avec leurs atmosphères, vous aurez la molécule. Réunissez toutes ces molécules, vous aurez la particule, vous aurez la matière avec sa forme, telle que notre œil l'aperçoit.

J'ai insisté de mon côté, messieurs, sur ce point capital, car, vous le comprenez, la minéralogie et l'astronomie n'ont pas seules le privilége de cette étude. La géologie donne la clef de la composition intime et primordiale de la matière. Des déductions qui lui sont familières il est permis d'arriver jusqu'à la formation des éléments des corps, et par là de remonter jusqu'aux phénomènes d'affinité chimique, de cohésion, d'élasticité.

C'est ce que j'essayerai de faire et de prouver ailleurs et dans une occasion plus propice. La discussion a besoin de ne pas s'égarer[1].

---

1. Les théories exposées par MM. les Américains font tout d'abord l'effet d'élucubrations fantastiques sorties de cerveaux malades. Nous sommes obligé, à cet égard, de dire qu'elles paraissent cependant, et malgré leur étrangeté, complétement d'accord avec l'état actuel de la science positive. La physique mathématique confirme ces faits hypothétiques et Cauchy, notre grand géomètre, disait dans ses leçons du collége de France :

« M. Ampère a déduit de l'observation le nombre des atomes qui devaient entrer dans la composition de chaque molécule intégrante, et correspondre aux cinq formes de molécules admises par les minéralogistes, savoir : tétraèdre, octaèdre, parallélipipède, prime, hexaèdre, dodécaèdre rhomboïdal. Il a trouvé que les molécules comprises dans ces cinq formes devaient être respectivement composées de 4, 6, 8, 12, 14 atomes. Si donc, il nous était permis d'apercevoir les molécules des différents corps soumis à nos expériences, elles présenteraient à nos regards des espèces de constellations, et, en passant de l'infiniment grand à l'infiniment petit, nous

M. SIEMAN. Je remercie notre honorable président des détails si intéressants qu'il a bien voulu donner pour confirmer ma thèse. J'ai bon espoir qu'elle éclaircira plus d'un point encore obscur dans la science.

M. STEK. M. le président serait-il assez bienveillant pour me dire si, dans son opinion, il y a aussi des montagnes et des soulèvements sur ces petits mondes moléculaires ; si les révolutions géologiques qui ont bouleversé notre globe s'y produisent également et modifient leur surface ?

M. NEWBOLD. Ceci ne saurait embarrasser

retrouverions dans les dernières particules de la matière, comme dans l'immensité des cieux, des centres d'action placés en présence les uns des autres. »

N'est-ce pas en propres termes ce que disent MM. Sieman et Newbold ?

Un savant français bien connu, M. A. Gaudin, calculateur au bureau des longitudes, vient d'évaluer d'une manière très-ingénieuse les distances qui séparent ces différents petits astres et leur nombre. Il ressort de ses recherches que la distance entre les plus grosses molécules organiques est d'un millionième de millimètre, et la distance entre les atomes d'un dix-millionième de millimètre. Si on voulait compter les atomes enfermés dans un petit cube de matière de deux millimètres de côté, soit gros comme une tête d'épingle en supposant qu'on en prenne *un milliard par seconde*, il faudrait encore environ 250 000 ans.

personne, monsieur Stek. Les raisons qui sont bonnes sur terre le sont aussi dans ces mondes de l'infiniment petit. Les réactions intérieures proportionnées à la taille de ces planètes atomes doivent également modifier, travailler la surface ou la partie tout au moins la plus résistante qui doit se courber, se redresser, suivant l'action des forces mises en jeu. Il y a des montagnes et des vallées, soyez-en sûr, et qui mieux est, dont la direction et les accidents obéissent à des lois fixes et immuables. Dois-je vous rappeler que sur terre je crois qu'il a été prouvé par quelqu'un que personne ne connaît mieux que moi, qu'il n'y avait pas une chaîne de montagnes dont la direction fût confiée au hasard ? Toutes les montagnes se dirigent suivant des axes parfaitement fixes[1].

Encore mieux, un de mes amis que je regrette de ne pas voir parmi nous, M. l'ingénieur en chef Nuevopolis, a déduit de là

---

[1]. La même loi vient d'être reconnue pour les montagnes de la lune.

des faits de symétrie admirable. Il n'est plus de petit accident de la surface terrestre, col, embouchure d'un fleuve, défilé, source, mines, dont la position exacte ne puisse se déterminer mathématiquement. Les anfractuosités du sol, les dépressions, tout s'est fait suivant une loi déterminée. Cette butte qui vous obstrue l'horizon, cette côte, cette vallée, sont-elles là plantées par un hasard aveugle?

Non, mille fois non. Tout est harmonie. Le désordre n'est qu'apparent. M. Nuevopolis a mis, entre autres faits, parfaitement en relief cette loi singulière, à savoir que tout accident important, tel que source, nœuds, volcans, etc., se trouvait toujours aux 4 dixièmes de la longueur totale du groupe envisagé. Est-ce une rivière, prenez la ligne qui joint l'embouchure à la source. Marquez les 4 dixièmes, c'est là à coup sûr que vous rencontrerez l'accident le plus remarquable de ce cours d'eau : de même pour une chaîne de montagnes, un filon, etc.

Cette symétrie curieuse, monsieur Stek, je ne sais pas pourquoi je ne l'admettrais pas aussi bien pour les molécules et les astres moléculaires. Toutes ces ondulations du sol ne résultent que des vibrations de la matière ; elles obéissent aux lois de l'harmonie musicale. Et ce phénomène qui fait qu'une plaque entrant en vibrations sous l'influence d'un archet reste immobile par place fait aussi que certaines parties du sol se haussent et que d'autres se baissent ou ne quittent pas leur position première.

Les lois de la musique sont aussi celles de la géologie. Tout est dans tout. Il n'y a qu'un principe universel qui anime la matière et lui donne ses différentes formes et ses différentes propriétés. (Bien ! très-bien ! On entend.)

M. GREENWIGHT. Monsieur le président, les considérations très-importantes et tres-intéressantes que nos honorables collègues et vous-même venez de si bien développer conduisent directement à des applications astronomiques d'une haute portée philosophique. Si la commission trouve que le débat géologique est épuisé, si les géologues nous autorisent à regarder la roche découverte par M. Paxton comme d'origine réellement extra terrestre, je demanderai la parole pour entrer directement dans mon sujet, montrer par quelles phases les planètes et les corps célestes passent nécessairement, pour rechercher enfin de quel point du ciel nous est tombée cette volumineuse pierre météorite dont la présence ici peut modifier tant des idées admises sur la marche et l'équilibre des astres au milieu de l'espace.

La grosse horloge de James-House tintait alors ses sept coups sonores. Le soleil avait disparu à l'horizon. — Demain ! demain ! criait-on sur plusieurs bancs. — Demain, messieurs ! hurla sympathiquement l'honorable astronome : aussi bien la séance a été longue, et moi tout le premier je serai heureux d'en finir.

M. NEWBOLD. La parole est accordée à

M. Greenwight.... et la séance est levée. (Rires nombreux.) C'est un privilége qu'a le grand géologue d'accorder la parole, et, quand il se sent disposé à bâiller, de lever la séance. Il donne ainsi satisfaction au postulant et à lui-même.

A bientôt. Je crains de manquer le boat du fort Man et le courrier.

LETTRE V

La parole est à M. Greenwight. — La matière et le mouvement. — Comment se font les mondes? — Les étoiles en vie. — Transformation des astres. — Comment certains astronomes peuvent encore assister en ce moment à la création de notre système solaire. — Pourquoi la Terre ne saurait être brune et Vénus blonde, Mercure roux et Mars albinos?

La discussion va beaucoup plus vite que mes correspondances. Pour me mettre au pair et ne pas abuser de votre hospitalité, je suivrai un peu l'exemple des journaux quotidiens au moment des débats législatifs.

Je résumerai la discussion, en lui laissant son caractère, comme ils résument les débats insérés *in extenso* au *Moniteur*. Je sauterai également d'une séance à la suivante pour gagner de la place.

La parole est donnée à M. Greenwight.

M. GREENWIGHT. On a jusqu'ici, messieurs, parlé des infiniment petits de la nature; je demande à insister à mon tour quelque peu sur les infiniment grands. M. Sieman, M. Newbold, notre honoré président, ont parfaitement résumé nos connaissances ou nos théories sur la constitution de la matière; qu'il me soit permis d'en tirer des conséquences que je crois importantes pour la constitution de l'univers, et ensuite, avec l'agrément des naturalistes présents, sur la vie dans les planètes.

La matière, primitivement ténue et à l'état d'atomes indépendants, emplissait les espaces, inerte, immobile. Le Créateur lui imprima le mouvement, lui communiqua une certaine quantité de force à tout jamais impérissable. Cette force initiale et la matière, voici le point de départ de toutes les transformations qui ont été, sont et seront[1].

---

1. Il n'y aurait rien d'inadmissible cependant à admettre tout aussi bien que de tout temps la matière ait été en mouvement, que la création n'a eu ni fin ni commencement. Pour-

Toutes les forces physiques que nous voyons agir dans l'univers ne sont que les manifestations différentes des combinaisons de la matière et de la quantité de mouvements qu'elle possède. Au début, les atomes indépendants obéirent à la résultante des forces qui les sollicitaient. Ils se groupèrent par régions et par centres et tournèrent les uns autour des autres, suivant les lois de la mécanique. Ainsi se forma par place ce que nous avons appelé *matière cosmique*, véritable œuf ou embryon d'astre.

La matière condensée se groupa et continua sa route dans les espaces ; mais à mesure que les temps s'écoulaient, la réaction élastique s'opérait ; la quantité de mouvement de chaque centre cosmique diminuait pour aller se reporter ailleurs et rapprocher de nouveaux atomes indépendants. Ce qui se perdait en force ici, se gagnait ailleurs :

quoi s'étonner que cette idée, ne nous soit pas familière ? Est-ce qu'un être fini comme nous peut avoir d'autres notions que le fini. L'infini nous échappe par suite de notre constitution même.

c'est le sort commun ici-bas ; rien n'est stable.

A l'origine, chaque groupe était animé d'une telle vitesse que les atomes constitutifs tournaient dans des trajectoires très-allongées.

Vous savez que mouvement et chaleur sont synonymes ; l'un n'est que la manifestation de l'autre ; aussi ne vous étonnerez-vous pas qu'à cette époque la matière condensée fût à l'état de vapeur. Mais bientôt, nous l'avons dit, du mouvement s'échappa nécessairement et par suite de la chaleur ; la matière se refroidit ; les atomes constitutifs circulèrent dans des trajectoires plus resserrées ; la matière devint liquide, et l'astre, se dégageant des premières vapeurs indécises, se montra enfin sous sa forme sphéroïdale. Nous disons l'astre, il faudrait dire les astres, car de la matière condensée sort, au moment du refroidissement, plusieurs centres d'actions, et, par suite, autant d'astres, autant de mondes !

Notez que la quantité de mouvement perdue par cet astre embryonnaire pour n'en suivre qu'un parmi tous, elle fut rigoureusement et exactement gagnée par un autre centre d'action; et ce qui, ici, avait amené la forme liquide et avait contribué à avancer l'astre, ailleurs déterminait un groupement d'atomes indépendants, une agglomération de matière à l'état de vapeurs, un nouvel embryon destiné à passer par différentes phases, comme le précédent, et à transmettre enfin sa force à un autre centre d'action. Ainsi et toujours !

Les temps passent et l'astre embryonnaire que nous avons distingué parmi toutes ces condensations de matière en travail perd de plus en plus de mouvement; les atomes s'agglomèrent et forment des combinaisons diverses, tout en conservant leurs directions primitives; les molécules prennent naissance; puis, enfin, tous ces groupements particuliers qui affectent nos regards et qui nous donnent les diverses sensations correspondant aux divers corps de la nature.

Ce sont les petits mondes que vous avez précédemment si bien établis. L'astre prend tournure ; il se solidifie ainsi peu à peu à la surface, et cet écran ainsi formé retarde de beaucoup la déperdition du mouvement, soit le refroidissement de la matière.

Ainsi vous l'avez vu naître : il vit ; il a eu sa jeunesse, il a eu son âge viril ; il aura sa vieillesse ; il mourra. Suivons-le encore dans la série de ses transformations. Il ira se refroidissant sans cesse ; les conditions physiques dans lesquelles il se trouve ne cesseront de varier depuis la température la plus élevée jusqu'aux froids les plus grands que nous puissions imaginer.

Enfin, il arrivera certainement un moment où il n'aura plus à perdre de quantité de mouvement ; il en possédera juste tout autant que la matière subtile et ténue, que les atomes indépendants qui emplissent l'espace.

Sa température sera celle des espaces planétaires. Il aura atteint les dernières limites de la vie; encore un peu et il ne sera plus. Il est bien mort, en effet; mais la matière n'en reste pas moins encore agglomérée, condensée pour longtemps, non pas pour toujours, car ainsi tout l'espace se congèlerait peu à peu et deviendrait solide, ce qui exclurait l'idée de perpétuation de la force.

Non, il faut ne pas oublier qu'il n'est pas seul dans ce groupe; il n'est qu'une pierre de l'édifice; les astres qui ont même origine, mais qui possèdent encore de la vie, du mouvement, lui en cèdent et l'empêchent de se désagréger jusqu'à ce que pour eux tous l'équilibre soit établi; — alors la quantité de mouvement est la même; la matière condensée n'a pas plus d'impulsion que la matière libre et indépendante des espaces; elle reprend sa liberté; les atomes se désagrégent; les groupements moléculaires cessent; l'astre s'évanouit; la construction s'écroule; les matériaux seuls subsistent pour aller ailleurs entrer dans de nouvelles combinaisons et subir de nouvelles métamorphoses. De la mort renaît la vie. Tout est dans tout.

Vous le voyez, messieurs, la matière est prise ici, là, partout, au sein des espaces, rapprochée par la force initiale, puis séparée par la même force, reprise ailleurs, composée de nouveau, et c'est un perpétuel travail de construction et de destruction. On peut dire qu'il n'existe pas un grain de sable, une molécule si infime qu'elle soit qui n'obéisse pas de tous points à cette loi nécessaire et immuable. Des forces secondaires la font et la défont; en un mot, matière et mouvement, voilà la nature tout entière. (Bien! bien!)

Ces généralités comprises, il m'est facile, messieurs, d'aborder mon sujet et de déterminer avec quelque précision, j'espère, le véritable âge relatif des planètes. Remontons à l'origine de la création de notre système, et remarquez bien, messieurs, que, si cette époque primitive, nous n'avons pu la voir, d'autres l'ont vue et assurément.

Supposez-vous, en effet, dans un astre très-éloigné présentant en ce moment les mêmes caractères physiques que la terre.

La lumière parcourt, vous le savez, 298 millions de lieues par seconde ; or, pour les habitants de cet astre, s'il est assez éloigné, la formation de nos mondes sera réalisée depuis des millions d'années, et cependant ils ne feront que de les apercevoir dans cette région du ciel. C'est une simple affaire de distance. Il faut, à la lumière qui relie les astres à ce coin de l'espace, le temps d'arriver jusqu'à ses habitants. Donc, encore en ce moment, beaucoup d'astronomes perdus dans les oasis du ciel ne font que d'assister à la création de notre système.

Qu'était-ce ? Comme toujours, un nuage vaporeux s'avançant dans l'espace à une température extrêmement élevée ; un ballon de vapeurs surchauffées. A la longue, le refroidissement s'est produit; les vapeurs se sont contractées et condensées en certains points, obéissant à la résultante des forces qui les tenaient en équilibre. Là où avant il n'y avait qu'un globe opalisé de vapeurs brûlantes, il s'est formé de nouveaux petits globes moins chauds et plus condensés, solidifiés en partie, absolument comme de la vapeur d'eau répandue dans l'espace sort par refroidissement une multitude de gouttelettes d'eau.

La matière cosmique initiale s'est résolue en une pluie de gouttes rouges de feu, en une pluie d'astres, de mondes. Nous les voyons tous autour de nous; maintenant encore ils emplissent l'espace environnant.

Notre soleil n'est qu'une goutte à peine condensée de cette matière primitive en ignition; les planètes, des petites gouttelettes qui ont jailli en même temps ou se sont condensées tout près de lui. Le mouvement initial qui entraînait l'ensemble s'est conservé à chacune des parties, et tous les astres ainsi formés ont continué d'avancer dans l'espace comme avant et de tourner dans les trajectoires que suivaient les atomes antérieurement à leur agglomération.

Ainsi, il reste établi que pour moi le soleil et les planètes ont absolument la même origine. Au début, au moment de la condensation de la pluie cosmique, ils étaient constitués de même, de la matière unie à la même quantité de mouvement, celle, d'ailleurs, qui animait tout le système. La similitude était complète.

Poursuivons maintenant ces astres à travers leurs transformations, à travers leur évolution.

N'est-il pas parfaitement clair que la quantité de mouvement que chacun d'eux possède ne saurait rester le même. Si on la considère après un certain temps, on la trouvera différente. N'est-elle pas représentée par la somme des atomes primitifs libres et indépendants multipliés par la vitesse avec laquelle ces astres rudimentaires décrivent leurs trajectoires ?

Or, nous le savons, il faut que chaque petit atome perde de sa vitesse à la longue, mais qu'il la perde harmoniquement, c'est-à-dire que la perte se répartisse sur chaque atome. Plus il y en a et plus la perte de vitesse est lente; moins il y en a et plus elle est rapide. En d'autres termes, la perte de quantité de mouvement, soit le refroidissement d'un astre, est proportionnelle à la somme des atomes qui le constituent, elle est proportionnelle à sa masse. Ceci n'est, du reste, il est bon de le remarquer, que la traduction de ce principe bien connu du vulgaire qu'un corps se refroidit d'autant plus vite qu'il est moins volumineux. De ce qui précède, vous voyez immédiatement poindre, messieurs, cette importante conséquence.

La rapidité de l'évolution d'un astre, la durée de sa vie est liée à sa masse. Sa vie sera d'autant plus longue ou plus courte que sa masse sera plus grande ou plus petite. De là une méthode permettant de juger l'âge d'une planète, de se former une idée des phénomènes biologiques dont elle peut être le théâtre.

Ce que fait pressentir le raisonnement, est-ce que le bon sens ne l'indique pas de prime abord? Pourquoi admettez-vous, messieurs, un plan de construction différent pour chacun des astres? Pourquoi la Terre ne serait-elle pas pétrie de la même pâte que toute autre planète? Pourquoi Vénus serait-elle blonde et Jupiter brun, Saturne châtain, Mercure roux, Mars albinos?

Pourquoi pas la même constitution partout? Ce qui est ici est là, ce qui est là est ici; la matière passe partout, encore une fois, par les mêmes évolutions. La seule différence physique que les astres présentent tient uniquement à leur âge, à la période de leur transformation : tout est là....

M. LE PRÉSIDENT. M. Greenwight vient de définir très-nettement ma pensée et celle, je crois, de tous les géologues philosophes sur la genèse des mondes ; je....

M. GREENWIGHT. Monsieur le président, je n'ai pas fini ; le sujet est large, et à moins que vous n'ayez des objections personnelles à m'adresser, je réclame encore la bienveillante attention de l'assemblée.

M. HAUGTON, le géologue aux épines et aux roses. — Je demande la parole.

M. NEWBOLD. Je voulais uniquement prier M. Greenwight d'insister en temps et lieu sur les évolutions géologiques. La parole, à ce propos, sera donnée à M. Haugton. Mais l'heure avancée m'oblige à prier mon savant confrère de remettre à demain la fin de son intéressante dissertation.

La séance est levée à sept heures.

LETTRE VI

De l'âge des astres. — Moyen de le déterminer. — Où il est montré que tous les mondes ne sauraient être habités. — Objections. — Éléments de notre système solaire — Relations qui semblent exister entre les volumes, les masses et la densité des planètes. — Différents aspects. — Ce qu'il faut pour que deux astres se ressemblent. — La parole est continuée à M. Greenwight.

M. GREENWIGHT. J'ai montré dans la dernière séance que si les astres présentaient des aspects différents, il fallait en chercher uniquement la cause dans la rapidité plus ou moins grande de leur évolution. A l'époque où nous les voyons, ils sont plus ou moins avancés, ils sont plus ou moins jeunes ou vieux, suivant leur masse initiale.

Il faut un peu les envisager comme les différents membres d'une même famille.

Chacun d'eux, sauf quelques particularités

caractéristiques et à l'unité d'origine près, présentera à une époque donnée la même forme, le même aspect; seulement vus ensemble, l'un est jeune, l'autre vieux.

Ainsi des astres. Ils vivent, ils ont passé ou passeront tous par les mêmes phases, comme toute individualité de la nature. Il me reste maintenant à appliquer ces considérations et à en tirer parti.

Je vous propose donc une simple promenade de reconnaissance chez nos voisins les mondes : j'espère pouvoir préciser leurs caractères biologiques, leurs conditions d'habitabilité.

D'abord et avant de partir seront-ils tous habitables ?

Évidemment non, messieurs, et le savant Français Arago, tant d'autres après lui, qui plaçaient des habitants partout, même dans le soleil, n'avaient aucune notion des véritables lois qui président à la destinée des mondes.

Par habitant, car il faut tout définir pour

éviter les méprises, j'entends un être animé quelconque, un organisme vivant. Or, un organisme ne peut exister évidemment qu'à la condition d'être composé en partie de liquides et de solides. Les liquides sont généralement les véhicules de la vie. Pour nous, le sang, les humeurs sont absolument nécessaires à l'entretien ou à l'épuration de nos organes. On ne saurait concevoir un être quelconque uniquement formé de matériaux solides, il serait inerte. Partout aussi bien qu'ici un pareil corps appartient à la nature inorganique.

Ceci dit, nous arrivons fatalement à cette conséquence, c'est qu'aucun être vivant ne saurait exister sur aucun astre, tant que la quantité de mouvement possédée par cet astre, c'est-à-dire sa chaleur propre, sera assez élevée pour vaporiser les liquides de l'organisme.

Inversement, tout être organisé disparaîtra de sa surface lorsque sa chaleur sera devenue assez basse pour congeler les liquides de l'organisme. Voici les deux limites extrêmes de la vie.

M. RINK. Mais comment M. Greenwight saura-t-il si les liquides de tel ou tel astre ne sont pas susceptibles de résister à de hautes températures et comment, par suite, déterminer les limites biologiques de l'apparition et de la disparition des êtres ?

M. GREENWIGHT. M. Rink est un peu pressé; tout ne peut se dire à la fois. Il est évident que de prime abord on ne voit pas pourquoi les liquides n'auraient pas une cohésion différente dans tous les astres d'un système.

Le point d'ébullition est lié à la pression que supporte le liquide et à sa composition. Si la pression et la composition sont notablement différentes, comme le dit très-bien M. Rink, les liquides pourront exister dans chaque astre à des températures très-diverses. Mais j'ai de bonnes raisons de croire qu'il n'en est rien et je me rallie à l'opinion opposée.

Oui, sans contredit, sur terre et ailleurs, la pression a varié depuis l'origine des temps; elle devait être plus considérable au début, et par suite les liquides devaient ne s'évaporer qu'à une température plus élevée que maintenant. Oui, je crois également que la pression peut être un peu variable dans chaque astre, mais dans des limites très-restreintes.

Enfin, en examinant ce qui est maintenant sur terre et dans les planètes voisines, en se rappelant l'unité d'origine des astres, en jugeant du passé par le présent, on est porté à admettre que la composition des liquides de même nature est partout à peu près la même. Nous reviendrons, du reste, tout à l'heure sur ce point et nous entrerons dans quelques nouvelles explications. Donc, composition et pression restant à peu près identiques, on peut avancer que les limites de l'existence sont à peu près les mêmes partout.

A quelle température les liquides de l'organisme terrestre se volatilisent-ils ? Vers 80 degrés. La pression étant plus grande au début, nous porterons à 100 degrés cette température initiale. De même nous porterons à 30 degrés au-dessous de zéro la température finale, celle où la congélation se produit en dépit du calorique fourni par l'acte vital. De 100 degrés à 30 degrés, soit 130 degrés. Voici les degrés de la vie ; voici les limites normales dans lesquelles il faut circonscrire l'existence des organismes.

Donc, messieurs, tout astre qui possédera une chaleur propre, à sa surface, supérieure à une centaine de degrés ne saurait avoir d'habitants. Tout astre qui serait refroidi au delà de 30 degrés au-dessous de zéro ne saurait plus d'autre part entretenir la vie. Conclusion : Tous les mondes ne sont pas habités.

Voyons maintenant autour de nous ceux qui peuvent être habités ; recherchons l'âge de chaque planète.

La quantité de mouvement pour chaque astre, nous l'avons déjà dit et répété, dépend avant tout de sa masse. Les différentes planètes qui nous entourent ont été sans doute absolument semblables pendant un laps de temps encore assez considérable, pendant toute la période où elles étaient encore à l'état de vapeurs; mais elles se sont bientôt refroidies inégalement, et dès lors ont changé pour chacune d'elles les conditions d'existence et de vitalité. Les unes ont gagné de l'avance; les autres sont restées bien en retard. Examinons.

Pour ne pas abuser de l'attention de la commission, je prendrai seulement les mondes qui nous entourent, ceux pour lesquels la vérification est jusqu'à un certain point possible; soit le Soleil, Jupiter, Saturne, Neptune, Uranus, la Terre, Vénus, Mercure, Mars.

Voici les masses approximatives de ces astres, celles que l'on a déduites de l'attraction newtonienne.

Masses par rapport à celles de la terre.

Soleil	354.930.000
Jupiter	338.034
Saturne	101.411
Neptune	20.879
Uranus	14.789
La Terre	1.000
Vénus	0.885
Mercure	0.175
Mars	0.132

Voici maintenant les volumes de ces astres, leur densité et l'intensité de la lumière et de la chaleur solaire à la surface de chacun d'eux ; éléments dont nous pourrons avoir besoin.

Volumes en myriamètres cubes.

Soleil	1.520.976.847.653.880
Jupiter	1.528.718.930.570
Saturne	793.742.722.600
Neptune	113.604.675.800
Uranus	88.600.521.920
La Terre	1.080.863.240
Vénus	1.034.348.528
Mars	151.320.850
Mercure	64.851.800

Densité par rapport à celle de la Terre.

Soleil	1.4
Jupiter	1.3
Saturne	0.7
Neptune	1.8
Uranus	0.9
La Terre	5.5
Vénus	5.1
Mars	5.4
Mercure	6.8

Intensité de la lumière et de la chaleur solaires.

Jupiter	0.04
Saturne	0.01
Neptune	0.001
Uranus	0.003
La Terre	1
Vénus	1.9
Mars	0.4
Mercure	6.7

Si nous considérons le premier de ces groupes, il est évident que nous y trouverons l'ordre dans lequel on peut ranger les astres d'après la somme de leur quantité de mouvements ; nous aurons leur quantité de vie, nous saurons en d'autres termes la durée de leur existence.

C'est ainsi qu'il est facile de voir que le Soleil n'est encore qu'au début de son évolution ; il est en enfance. Jupiter vient ensuite, puis Saturne, etc. La durée de l'existence de ces mondes est environ exprimée, en prenant la Terre pour unité, par les chiffres suivants :

Soleil, 355,000 ; — Jupiter, 339 ; — Neptune, 20 ; — Uranus, 14 ; — Vénus, 1 ; — Mars, 0/13 ; — Mercure, 0/17. Ce qui signifie que si nous admettons que la Terre ne puisse exister qu'un siècle, le Soleil existera 355,000 siècles ; Jupiter, 339 siècles ; Neptune, 20 ; Uranus, 14 ; Vénus, 1 seulement, etc.

Il ne faut pas perdre de vue toutefois qu'il ne s'agit ici que d'existence individuelle, car les différents astres individuellement morts n'en resteront pas moins agrégés jusqu'à la séparation complète du groupe auquel nous appartenons, absolument comme de la matière terrestre morte subsiste encore longtemps et ne s'en va en poussière qu'à la longue.

Le second tableau montre que les volumes occupés dans l'espace par ces différents mondes décroissent avec leurs masses, mais sans qu'il y ait proportionnalité. Ainsi, Mars est moins dense que Mercure et cependant son volume est plus grand.

Ceci n'a rien qui doive surprendre personne. Nous voyons sur terre et en petit les mêmes phénomènes se produire.

Un corps peut diminuer de masse et augmenter de volume, et inversement. Vous savez, par exemple, que l'eau en se refroidissant augmente de volume; la glace est moins dense que l'eau. Le bismuth est dans le même cas. Tout dépend en effet du groupement, de l'arrangement des molécules constitutives; or, vous vous expliquerez ces différences en remontant à la genèse de ces astres. Tous étaient à l'état de vapeur. Ils ont perdu chacun du mouvement, de la chaleur, et suivant la rapidité de cette perte, les atomes se sont groupés de telle ou telle manière; les combinaisons les plus simples correspondent aux refroidissements les plus rapides, et au contraire la variété des combinaisons doit se retrouver avec la lenteur dans l'évolution de l'astre.

Il est impossible également, messieurs, de ne pas remarquer que la durée de rotation de chaque astre sur lui-même a dû influer sur la plus ou moins grande condensation de ses molécules. La force centrifuge dépendant de la vitesse de rotation a dû écarter la matière et augmenter le volume de l'astre ; le voisinage de la nébuleuse centrale, son action attractive a dû aussi modifier les phénomènes de groupement, de combinaison des atomes. Il doit y avoir une certaine dépendance entre les densités de chaque astre, sa durée de rotation et la pesanteur à sa surface. La vitesse de rotation écartait les atomes, mais l'attraction centrale tendait à les rapprocher.

En remontant au troisième tableau qui

renferme les densités des planètes; en mettant en regard les durées de rotation et la pesanteur, on a :

	Densité.	Durée de rotation.	Pesanteur.
Mercure	6.8	24^h 5^m	5.63
La Terre	5.5	23^h 56^m	4.90
Mars	5.4	24^h 39^m	2.16
Vénus	5.1	23^h 23^m	4.65
Neptune	1.8	»	5.00
Jupiter	1.3	9^h 55^m	12.49
Uranus	0.9	»	5.44
Saturne	0.7	10^h 18^m	5.34

Ces nombres sans relation apparente ne sont au contraire que la traduction fidèle d'une loi générale de mécanique.

Il faut en effet observer que, non-seulement la vitesse de rotation a un grand rôle dans la disposition des atomes, mais encore le volume de l'astre ou son rayon. La force centrifuge dépend directement de son rayon. En tenant compte de ces divers éléments, en n'oubliant pas d'ailleurs que l'intensité de la chaleur solaire donnée dans le troisième tableau a modifié aussi pour son compte le groupement des molécules de la surface, on arrive à trouver la cause des anomalies apparentes qui semblent exister dans les densités des planètes.

Un monde, pour le dire en passant, sera d'autant plus riche, d'autant plus élevé, qu'il aura de quantité de vie, de temps de transformation devant lui.

Ainsi, pourquoi Mercure est-il plus dense que Mars et moins gros? On verra vite que Mars tourne un peu plus vite et que sa pesanteur à la surface est beaucoup moindre. Pour ces deux raisons, les molécules avaient de la tendance à moins s'agréger; d'où un plus gros volume. On verrait de même que, relativement, c'est encore à la surface de Mercure que doit exister la plus grande force de groupement moléculaire. Et, en effet, c'est cette planètte qui a la plus forte densité. Également et pour les mêmes raisons, on trouverait que la force d'agrégation est de plus en plus petite pour la Terre, Mars, Vénus, Jupiter, Saturne.

Ces remarques ne sont pas sans valeur, si l'on veut bien se rappeler les objections de M. Rink.

Qui vous dit, demandait en effet notre honorable collègue, que les liquides dans chaque astre n'ont pas une force de cohésion très-différente et qui puisse leur permettre de résister à de hautes températures? Et, en effet, lorsque l'on voit agir des forces d'agrégation aussi manifestement différentes, la demande de M. Rink est parfaitement justifiée.

Nous devons donc insister et faire remarquer qu'ici l'âge de l'astre a une influence prépondérante sur la force d'agrégation; l'une est liée à l'autre, il ne faut pas comparer la force de deux planètes d'âges éloignés; la comparaison n'est admissible que pour des astres sensiblement arrivés au même point de leur évolution.

Ainsi examine-t-on la Terre et Vénus, dont les masses sont très-voisines et qui ont par conséquent à très-peu près la même quantité de vie, on trouve sensiblement la même densité, la même vitesse de rotation, le même volume, la même pesanteur. Ici nous osons affirmer que les liquides se comportent comme sur terre.

Prend-on, au contraire, la Terre et Mars, dont les masses sont entre elles comme 1 et 0,13, la quantité de vie étant bien différente, la comparaison directe n'est plus possible; la densité de Mars devrait être de prime abord plus forte que celle de la Terre, puisque Mars est plus condensé; elle lui est seulement à peu près égale; le fait s'explique en remarquant que la pesanteur à la surface n'est que de moitié moindre que celle de la Terre; il faut absolument tenir compte ici de tous les éléments qui peuvent modifier le problème. Demain, si M. le président veut bien m'y autoriser, je poursuivrai ces considérations.

LETTRE VII

Promenade dans les cieux. — La pluralité des mondes. — Qu'est-ce que le soleil? Ballon de vapeurs surchauffées. — D'habitants du soleil, point. — Découverte de mines à 38 millions de lieues de la terre. — Pourquoi n'y voit-on pas dans l'obscurité? Opinion de M. Ziegler. — Héméralopie. — Mercure est-il habité? — Un mot sur Vénus. — Des hommes interplanétaires. — De ceux qui ont été ou ne sont plus. — Station sur terre. — La lune. — A-t-elle une atmosphère? — Où M. Greenwight tranche la question. — Les Sélénites.

La parole est maintenue à M. le vice-président.

M. GREENWIGHT. Si je ne craignais d'abuser des moments de l'assemblée, je passerais maintenant en revue les principales planètes de notre système. (Parlez! Parlez!)

J'ai fait concevoir précédemment, messieurs, que le groupement des atomes et des molécules, non-seulement était lié à la perte de quantité de mouvement de chaque astre, mais qu'il dépendait aussi d'autres éléments, tels que les variations de la pesanteur, de la force centrifuge, etc.

Les combinaisons, l'aspect de la matière varieront dans chaque planète d'après la valeur de ces éléments; nous verrons tout à l'heure dans quelles limites. Examinons chaque astre avec quelque soin, et commençons par le pivot de tout le système, par le Soleil.

Lorsqu'on jette les yeux sur les éléments solaires, on se convainct facilement que le Soleil doit être le plus jeune, le moins avancé de tous les astres; son évolution commence à peine; il a à peine perdu de quantité de mouvement, il est tout au plus dans la seconde phase de son existence, encore tout en enfance. S'il était permis de comparer la durée de sa vie à celle de l'homme, je dirais qu'il doit avoir de six à sept ans au plus. Sa matière est à peine condensée, les atomes primitivement en liberté se sont toutefois assez rapprochés pour se grouper et former déjà des gaz et des vapeurs. Il est vraisemblablement partout encore à l'état gazeux. Le noyau est sans doute seul à l'état de matière dissociée. Nous ne sommes pas encore arrivé au temps où la masse deviendra liquide. C'est un simple ballon, une sphère de gaz surchauffée renfermant des particules solides au moins dans les régions superficielles que sont les plus refroidies[1].

Les recherches faites en Europe au moyen de l'analyse spectrale ont démontré dans le

---

1. Cette opinion est entièrement conforme à celle que vient d'émettre, à l'Académie des sciences de France, un astronome très-estimé, M. Faye. En étudiant les apparences des taches solaires sur les 5000 et quelques photographies recueillies par M. Carrington, M. Faye est arrivé à conclure que le soleil n'est nullement, comme le voulaient Wilson, Herschel, Arago, un globe solide recouvert d'une couche nuageuse, puis d'une atmosphère lumineuse; ni comme le veut M. Kirchoff, un globe liquide entouré d'une seule atmosphère. C'est encore une sphère gazeuse dont les parties superficielles tendent à se combiner chimiquement. Les parties associées deviennent plus lourdes et tombent au fond; elles sont remplacées à la surface par de la nouvelle matière qui s'agrége à son tour et qui retombe. De là des courants verticaux. La matière en s'élevant chasse sur son trajet les parties superficielles seules lumineuses et l'habitant de la terre aperçoit un creux sombre entouré de bandes brillantes. Ainsi, on pourrait expliquer les différentes apparences des taches.

soleil l'existence de plusieurs des métaux terrestres réduits en vapeur. Ceci tendrait à prouver, et je signale cet exemple à M. Rink, que les atomes adoptent certains groupements partout, malgré les différences de masse, de pesanteur, etc.

Ceci démontrerait en outre que la formation de certains composés se produit à des températures énormes et que les chimistes, à moins de trouver les moyens de créer une semblable température, n'ont aucune chance d'arriver à isoler les atomes, à décomposer les corps réputés simples.

Enfin, il est permis de conclure de là aussi que les mines, les filons qui traversent les roches terrestres ne sont bien réellement que des infiltrations de la matière centrale encore en ébullition. Je n'insiste pas sur ces conséquences, elles sont plus familières qu'à moi aux savants chimistes qui composent cette assemblée.

Le Soleil continue son évolution à travers les temps. Il vieillira et se refroidira comme les autres astres; mais il restera certainement le dernier du système, et quand tous les centres de mouvement de notre système refroidis seront morts, il aura encore de la vie et survivra seul longtemps encore dans l'immensité.

Il n'est pas habité en ce moment, très-certainement. Concevez-vous des organismes vivant à la température de vaporisation de l'argent? Des organismes en vapeur?

Un organisme, et c'est là peut-être une définition, exige l'assemblage d'éléments solides, liquides, gazeux, en continuel état de réaction; or, le Soleil ne possède encore qu'un seul de ces éléments nécessaires; ses organismes sont en voie d'élaboration; rien de plus.

Apparaîtront-ils? Pourquoi non? La vie semble résider dans une quantité de mouvements donnée, absolument comme la chaleur et la lumière.

Trop de quantité de mouvement et la chaleur devient lumière; pas assez, et la lumière reste seulement la chaleur; trop de quantité de mouvement, et vous empêchez la matière de s'organiser ou de refléter elle-même cette quantité de mouvement; trop peu, et le but à atteindre est encore manqué. Il faut la quantité voulue exactement. C'est pourquoi vous verrez la vie se manifester à certaines températures seulement et disparaître de même; M. Ziegler, qui m'a développé ses idées à cet égard, partage mon opinion; il abordera ce sujet beaucoup mieux que moi; je passe donc et je me contente de dire que je ne vois pas pourquoi le Soleil ne recevrait pas plus tard des habitants.

M. NEWBOLD. M. Greenwight songe-t-il que le soleil conservateur et régulateur de la force n'aura, lui, à recevoir de lumière ni de chaleur d'aucun astre voisin et que ses habitants vivraient dans l'obscurité la plus grande ?

M. GREENWIGHT. Je suis peut-être peu compétent pour répondre à mon honorable président; mais je demanderai aux physiologistes, à M. Rink, à M. Wintow, à M. Ziegler, s'il n'est pas parfaitement admissible que certains êtres, même d'un ordre supérieur, y voient dans l'obscurité?

M. WINTOW. Je suis parfaitement de l'opinion de M. Greenwight; nous avons sur terre des animaux qui n'y voient que la nuit; c'est une affaire d'adaptation de la rétine. La plupart de nos animaux sont conformés de façon à ce que la lumière solaire ne les gêne pas; c'est un peu comme s'il s'agissait d'un ressort à mettre en mouvement. On a tendu beaucoup le ressort ici, parce que la force est grande, mais il peut se faire qu'une force beaucoup moindre puisse le mettre en mouvement si on le détend. Le ressort, c'est le nerf de la vision; la force, c'est la quantité de mouvement. La quantité de mouvement, le calorique inhérent au soleil lui-même, suffira sans doute pour ébranler la rétine, pour que les organismes de cet astre voient.

M. ZIEGLER. A l'appui de ce que vient de dire mon savant confrère, j'ajouterai que sur terre, lorsque la lumière solaire a agi trop violemment, lorsque la force a par trop ébranlé la rétine et modifié l'élasticité du nerf, les hommes n'y voient plus du tout, quand le soleil a disparu de l'horizon; la sensibilité est émoussée. Cette affection, que les médecins nomment *héméralopie*, se rencontre surtout chez les soldats, chez les factionnaires obligés de rester longtemps exposés à l'ardeur du soleil. On les guérit en rendant au nerf son élasticité, et pour cela on garde le malade dans une chambre obscure pendant plusieurs jours. Cet exemple, joint à bien d'autres, ne laisse pour moi aucun doute. Des organismes peuvent y très-bien voir dans des conditions physiques autres que celles que présente notre planète.

M. GREENWIGHT. Je conclus donc de là, messieurs, que, selon toute probabilité, le soleil sera habité un jour. Mais il se passera encore des milliers d'années avant que la quantité de mouvement que l'astre possède soit abaissée au point de permettre à la vie de s'y développer.

Le premier astre projeté dans l'espace en allant du centre à la périphérie, c'est Mercure. En suivant l'ordre des masses, c'est le huitième ; c'est un des astres les plus avancés dans son évolution ; il y a longtemps déjà qu'il n'est plus ni vaporeux, ni liquide; sa surface solidifiée doit même avoir une épaisseur assez grande.

Il a pour densité 6, la plus grande ; pour pesanteur 5, plus forte que celle de la terre. La chaleur solaire y est représentée par 7 environ, celle de la terre étant 1. Si nous prenons toujours pour type la vie de l'homme, Mercure doit bien avoir trente-cinq ans.

La matière s'y est condensée plus vite qu'ailleurs ; les combinaisons doivent y être moins nombreuses que dans les autres astres. Quant aux organismes, il est très-certain qu'ils existent et qu'ils existent même depuis longtemps déjà ; ils doivent différer des organismes terrestres ; mais dans des limites assez restreintes. A l'inverse de ce que nous avons dit pour les organismes solaires, il n'y a qu'un instant, il nous faudra ici invoquer une rétine beaucoup plus résistante pour permettre aux organismes d'y voir au milieu d'une lumière aussi intense que celle que possède Mercure.

Les êtres doivent être également d'un ordre inférieur par rapport à ceux de la Terre, plus petits. Les liquides ont dû se former à des températures plus élevées que sur terre ; la pression y étant supérieure ; peut-être les organismes ont pu se développer dès 200 degrés ; en tout cas les êtres plus élevés dans l'échelle n'ont pu apparaître qu'ultérieurement. Mercure est assez avancé pour que l'on puisse dire que l'espèce homologue de l'homme a dû déjà exister sur cette planète ; elle doit être maintenant habitée par les homologues de l'espèce humaine destinée à nous remplacer sur terre.

Il n'y a pas de raisons, en effet, pour refuser d'admettre que toutes les espèces se remplacent parallèlement dans chaque astre, selon les conditions biologiques qui se succèdent ; par conséquent dans tout astre en avance, s'il était possible de creuser un puits à travers la série des terrains qui le composent, on retrouverait la série des êtres qui ont existé à la surface, et de plus l'espèce qui a son pendant et même son analogue sur l'astre en retard. De même sur tout astre en retard, la sonde ferait découvrir le passé de l'astre en avance. Question de phase et d'évolution toujours. — Passons[1].

Vénus est sans contredit l'astre qui se rapproche le plus de la terre par toutes ses conditions physiques. Si une conviction profonde pouvait être un argument en matière scientifique, je n'hésiterais pas à prétendre que le voyageur transporté tout à coup de notre globe dans Vénus ne s'y trouverait pas plus

---

1. Quelques personnes pourraient objecter que la pesanteur très-différente dans les astres entraîne une constitution par suite essentiellement différente. Ainsi sur le Soleil, un homme fait comme nous, au lieu de peser 70 kilogrammes pèserait 2000 kilogrammes. Il n'aurait donc pas assez de force musculaire pour se relever lui-même, s'il venait à tomber. Cette objection est illusoire, car la vie et la force musculaire dépendent de la force d'agrégation sur l'astre considéré et cette force d'agrégation est proportionnelle à la pesanteur elle-même. La proportionnalité subsiste en tout et si le poids est plus grand, la force musculaire croît en conséquence.

désorienté que si on l'avait conduit, les yeux bandés, dans une autre région de la Terre. Même quantité de vie, à très-peu près, partant même matière, même nature, mêmes habitants, peut-être un peu en avance sur la Terre.

Voici ce que dit la théorie; or, l'observation le confirme de tous points. On découvre des montagnes, une atmosphère absolument comme sur notre globe des vents alizés comme dans nos régions équatoriales. Les habitants doivent donc présenter une identité à peu près complète avec nous, et si l'on creusait Vénus, on y retrouverait vraisemblablement la même série d'êtres que dans la Terre. Les organismes s'y sont développés parallèlement. Nées et vivant en même temps, Vénus et la Terre mourront en même temps.

La Terre, comme la planète précédente, est encore dans les premières phases de son évolution; elle est jeune, elle est adolescente; peut-être n'a-t elle que vingt à vingt-cinq ans. C'est à peine si la quantité de mouvement qu'elle possédait est devenue assez petite pour permettre l'existence d'êtres supérieurs; la série de ses êtres ira encore longtemps sans doute en se perfectionnant, car, il est bon de le dire en passant, quand un astre s'est assez refroidi pour que la solidification de sa surface ait eu lieu, la déperdition de calorique n'a plus lieu qu'avec une extrême lenteur, et l'on peut même ajouter, pour ce qui nous concerne, que, depuis les temps historiques, la Terre n'a pas perdu de chaleur.

Ici, pour la première fois, nous trouvons un satellite, la Lune. La Terre fut pour la Lune ce que le Soleil est maintenant pour la Terre. A l'origine, la Terre était le soleil de la Lune, et la Lune une petite planète éclairée par ce soleil secondaire. Depuis, la petite planète a vécu, elle a traversé une partie des phases de son existence, et quand la Terre est descendue au rang de planète, elle est descendue elle-même au rang de satellite.

La Lune est vieille; sa masse est 1/80 de celle de la Terre; elle a donc vécu à peu près 80 fois plus vite; elle doit être solidifiée en grande partie et très-refroidie. Nous placerons ici une observation qui a son importance et qui a trait au meilleur indice peut-être de l'âge avancé d'un astre; nous voulons parler de l'atmosphère.

Qu'est-ce que l'atmosphère des astres? — Messieurs, je considère cette enveloppe fluide comme le résidu, la fumée des réactions chimiques internes qui ont formé l'astre; au moment de la solidification, les vapeurs les plus légères s'échappaient par les fissures et s'élevaient au-dessus des vapeurs susceptibles de se condenser et de produire le sol primitif. L'atmosphère a dû être constituée à l'origine par des composés complexes qui, à mesure du refroidissement, se sont agrégés davantage et sont devenus ou solides ou liquides.

Il s'est produit ainsi progressivement un triage, une épuration, et il n'est plus resté au-dessus de l'écorce que les composés les plus élémentaires, que ceux qui étaient en excès pour entrer en combinaison rapide, ou que leur faible densité éloignait de la surface. Ces composés fluides se condensent tous les jours un peu, en raison du refroidissement, mais si peu que nous ne saurions encore nous en apercevoir.

En outre, ils pénètrent insensiblement du dehors au dedans par un phénomène d'endomose, et ils se combinent lentement avec les matériaux intérieurs, si bien que toute atmosphère est destinée à se condenser, à se réduire de plus en plus et à disparaître tout à fait à la longue. Donc, tout astre jeune a une atmosphère complexe et dense ; tout astre vieux n'en doit plus conserver que des traces.

Ne vous étonnez donc pas de rencontrer dans Vénus et la Terre une atmosphère assez pure et peu dense ; ne vous étonnez pas davantage de n'en plus trouver trace dans la Lune; elle doit être si peu dense et si peu haute qu'elle peut échapper à nos observations. Du reste, un calcul approximatif et grossier peut tout au moins nous fournir sur ce point quelques éclaircissements.

On peut admettre, sans s'éloigner beaucoup de la vérité, que quelles qu'eussent été au début les atmosphères lunaire et terrestre, leurs hauteurs respectives sont restées proportionnelles aux rayons de chaque astre et inversement proportionnelles à leur pesanteur, à leur densité et à leur masse.

En soumettant au calcul ces données, on trouve que la hauteur de l'atmosphère lunaire doit être à peu près quatre-vingt fois moindre maintenant que celle de l'atmosphère terrestre[1].

Or, la hauteur de l'atmosphère terrestre est évaluée à environ 30 lieues au moins[2]. L'atmosphère lunaire aurait donc encore environ 1500 mètres. Il n'en est pas moins tout simple que nous n'en apercevions plus trace. La densité doit être si faible en effet, qu'elle doit correspondre à celle de l'air qui

---

1. $h = \dfrac{0.1 \times 1}{80 \cdot \frac{1}{3}} \times \dfrac{5}{3} = \dfrac{30}{2400} = \dfrac{1}{80}.$

2. On avait admis jusqu'ici que l'atmosphère de la terre ne s'élevait pas au delà de 18 lieues ; mais les astronomes européens tendent en effet à en porter les dernières limites beaucoup plus haut.

reste dans nos machines pneumatiques quand nous y avons fait le vide.

L'atmosphère de la Lune baigne la base de ses hautes montagnes comme la mer baigne nos côtes. Encore des milliers d'années et tout gaz lunaire aura été absorbé dans la masse de l'astre.

La vieillesse de la Lune est encore attestée par sa densité. La force d'agrégation sur notre satellite est, à quantité de mouvement égale, beaucoup plus petite que celle de la Terre, et cependant sa densité est trois quand celle de notre planète est cinq. Ceci résulte du grand refroidissement, de la grande quantité de perte de mouvement.

La Lune est-elle habitée? Je ne le pense pas. L'a-t-elle été? J'en suis convaincu. Les organismes ont toujours dû y être soumis à des pressions plus faibles que sur terre; ils ont dû apparaître plus tard que sur terre à refroidissement égal; ils ont de même dû

---

1. Les montagnes lunaires dépassent 7000 mètres.

disparaître plus tard. Les liquides, en effet, n'ont pu se former qu'à une température plus basse que sur terre et les solides se constituer à une température également plus basse. Enfin, tout porte à croire que l'existence y étant plus rapide, les êtres ont dû y être plus inférieurs, plus petits, plus délicats.

Nous ne pensons pas qu'il en existe encore, car il n'y a plus de liquides[1] à la surface lunaire; et s'il en existe, ils ne peuvent appartenir qu'aux derniers rangs de la création organique, peut-être des organismes enfoncés profondément dans le sol qui ont encore échappé à la congélation.

C'est le cas de faire observer ici qu'en dehors de la chaleur propre d'un astre, il faut tenir compte de la chaleur rayonnée par l'astre éclairant : or, il est bien certain que

---

1. Il n'y a plus de liquides, car ils se sont tous évaporés par suite du peu de pression de l'atmosphère; ils se sont ensuite, sans doute, fixés à l'état de combinaison sur les solides, car autrement, on les apercevrait encore quelques fois dans l'atmosphère sous forme de nuages et on n'en voit jamais de traces.

le refroidissement lunaire aura été longtemps tempéré par le voisinage de la Terre, puis ensuite et encore maintenant par le rayonnement solaire; les résultats qui précèdent n'offrent donc qu'une simple et primitive approximation.

Cette remarque a de la valeur à mes yeux, car il semble que le développement de la vie dépende beaucoup aussi de la somme de mouvement envoyée de l'astre principal.

Je demande pardon à l'assemblée si je développe aussi longuement ces considérations, mais elles touchent directement le sujet, et je suis heureux d'exposer mes vues et de les soumettre au contrôle des premières illustrations scientifiques du nouveau monde. C'était peut-être pour moi une occasion unique, et j'en profite. Demain j'examinerai les conditions d'habitabilité de Mars, celle de toutes les planètes qui semblent le plus intéresser le débat.

LETTRE VIII

D'astre en astre. — Suite. — A bord de la planète Mars. — Mers, continents et glaces. — Comment les hommes existent en Mars depuis longtemps. — Êtres inférieurs. — La momie. — Jupiter est bien Jupiter. — Encore liquide. — Ne placez donc pas des habitants partout ! — Où l'on voudrait bien être homme de Jupiter. — Leur suprématie. — Saturne. — Neptune, Uranus. — La vie dans les astres. — Résumé. — Terrains à vendre dans l'avenir.

M. Greenwight. J'abrége, messieurs, et je cite de suite les éléments caractéristiques de Mars.

Densité, 5.1. Pesanteur, 1/2. Rotation, 24 heures.

Masse, 1/8 de celle de la Terre.

C'est assez dire que Mars est en avance sur nous, et que son refroidissement doit être considérable. Il y a longtemps déjà que les conditions vitales analogues à celles de la Terre ont disparu de sa surface. Sa rotation est à peu de chose près celle de notre globe; mais sa pesanteur est beaucoup plus petite; les forces de combinaison y sont moindres, et sa densité devrait être inférieure à celle de la Terre, si le refroidissement plus avancé n'y avait condensé davantage la matière. Aussi y a-t-il à peu près égalité.

La pesanteur, moindre à sa surface, tend à démontrer que les organismes ont dû apparaître à une température plus basse que sur terre, de même qu'ils disparaîtront aussi à une plus basse. Ils doivent exister encore parfaitement, et les êtres qui vivent maintenant appartiennent, dans l'échelle organique, à un rang plus élevé que l'homme actuel de la Terre; il faut remonter à une époque beaucoup antérieure pour retrouver l'analogue de l'espèce humaine actuelle. Ai-je besoin de dire néanmoins que les organismes de Mars doivent céder le pas à ceux de la Terre? la vie y est plus rapide, l'être moins susceptible de perfectionnement.

La momie que nous avons sous les yeux ayant été trouvée au-dessous des alluvions anciennes remonte à une période géologique terrestre assez reculée, et Mars pouvait bien être à cette époque dans la phase de son évolution qui correspond environ à celle actuelle de la Terre.

La momie de la planète Mars, si tant est qu'elle en provienne, devrait donc à peu de chose près représenter le type humain de Mars homologue du type humain de la Terre, et d'après les objets, les amphores, découverts par M. Paxton, on aurait assez le droit de supposer que ce type appartenait aux premiers hommes de la planète.

On pourrait même, d'après la forme des vases, en conclure jusqu'à un certain point que l'esprit humain passe aussi partout par les mêmes phases et suit les mêmes transformations : mais je n'anticipe pas, ceci trouvera sa place ailleurs.

Que mes confrères les chimistes de l'assemblée me permettent seulement de recommander à leur attention le groupement moléculaire de l'aérolithe, la densité de la matière.

D'après ce que j'ai dit, il doit y avoir à ce point de vue des différences avec les corps terrestres de même nature, puisque ces éléments varient avec l'âge d'un astre; la substance dont est faite la momie, les os, ne doit pas non plus avoir exactement la même densité, ni le même équivalent que les composés similaires terrestres.

J'ajouterai enfin, messieurs, que l'examen télescopique de Mars semble y faire découvrir des continents, des mers, des glaces.... ce qui tend à confirmer pleinement mes prévisions [1].

L'atmosphère semble plus dense que

---

1. Mars est après la lune l'astre le mieux connu des astronomes. La planète présente sur son disque des taches sombres et des taches brillantes de couleurs différentes. Les contours sont plus lumineux que la partie centrale. Enfin à deux points opposés, aux deux pôles, on distingue nettement des taches

la nôtre. Ceci tient tout à la fois au refroidissement et à la moindre puissance d'agrégation possédée par l'astre; il lui faudra plus de temps pour absorber son atmosphère. Comme je l'avais fait observer à M. Rink, l'aspect physique de Mars semble prouver que malgré les différences des éléments caractéristiques de chaque planète, la matière y paraît affecter à peu près les

d'un grand éclat. Tous ces accidents de la planète varient avec les saisons.

On s'accorde à voir dans les taches rougeâtres et brillantes de Mars les parties solides, les continents, et dans les taches sombres bleuâtres les parties liquides, les mers. Quant aux taches polaires, elles sont évidemment produites par des glaces, car au moment où le printemps arrive dans un hémisphère, la tache diminue à vue d'œil pour augmenter dans l'hémisphère opposé et inversement. La calotte neigeuse de l'hémisphère austral est plus considérable que celle de l'hémisphère boréal, ce qui s'explique facilement par l'inclinaison de l'axe de la planète ; le pôle boréal reçoit plus de chaleur que le pôle austral ; les quantités de chaleur reçues sont dans le rapport de sept à cinq.

S'il y a de la glace sur Mars, c'est qu'il y a de la neige, de l'eau, des pluies, et pour qu'il y ait de l'eau, il faut bien qu'il y ait aussi une atmosphère pour la retenir à l'état liquide. Les conditions météorologiques de la planète Mars se rapprochent donc encore assez considérablement des nôtres. Ce sont du moins les conclusions auxquelles ont conduit les recherches des astronomes allemands et anglais, MM. Beer et Mœdler et Johns Philips.

mêmes formes : nous retrouvons dans Mars des liquides, des glaces, et des matériaux solides analogues, tout à fait analogues aux nôtres, si l'aérolithe peut réellement nous en offrir un échantillon.

Enfin, la juxtaposition des glaces et des liquides met parfaitement en évidence le rôle important du rayonnement solaire dans la production et la conservation de la vie. Sans le Soleil, Mars serait trop refroidi sans doute pour conserver à sa surface de la matière à l'état liquide.

Vous le voyez, messieurs, je me contente de dégrossir les caractères physiques de l'astre; je laisse aux savants compétents le soin de pousser plus avant la partie physiologique et biologique du sujet; j'achève vite mon voyage d'exploration.

Jupiter se présente après Mars.

Éléments : densité 1.3, à peu près celle du Soleil 1.4.

Rotation 9 h.

Masse, 342 fois celle de la Terre.

Pesanteur, 2 1/2.

Après le soleil, c'est certainement Jupiter qui a conservé la plus grande quantité de mouvement; il est très-jeune, dans l'enfance, et c'est à peine si sa surface commence à se solidifier. Aussi sa densité est-elle faible et son atmosphère doit-elle être puissante et dense. On voit en effet des bandes sur son disque qui ne laissent aucun doute sur l'enveloppe gazeuse et considérable qui entoure l'astre.

Qu'on ne vienne pas nous dire avec étourderie que Jupiter possède des habitants; c'est tout au plus si nous pensons que les organismes les plus inférieurs ont déjà pu s'y développer. Plus tard, nous y retrouverons les êtres successifs de l'échelle, tous correspondant aux températures diverses de l'astre. Mais au point actuel de son évolution, Jupiter n'est pas encore accessible à la vie ou tout au moins à l'existence d'êtres déjà complexes. Les organismes s'y développeront, du reste, peu à peu ; tout porte à admettre vu sa grande quantité de mouvement, qu'ils seront supérieurs à ceux de la Terre, et même supérieurs à ceux de tous les astres de notre système. Mais nous ne serons plus assurément et depuis fort longtemps quand l'homme de Jupiter analogue à l'homme actuel terrestre fera son apparition. Faune et flore y seront certainement plus complexes et plus perfectionnées que partout ailleurs. La mythologie a eu raison : Jupiter est bien Jupiter.

Il a quatre satellites, quatre petites planètes réchauffées par ce soleil secondaire. Elles doivent être habitées maintenant par des organismes inférieurs.

Après Jupiter, vient Saturne :

Masse, 103.

Rotation, 10 heures.

Densité, 0.7.

Pesanteur, 1.

Après Jupiter, c'est cette planète qui est la plus jeune ; elle doit être cependant solidifiée à sa surface. La grande quantité de mouvement qu'elle possède encore, sa rotation, grande par rapport à son diamètre, expliquent sa faible densité. Saturne ne peut vraisemblablement être encore habité que par des organismes inférieurs.

Cette planète présente, vous le savez, une singulière anomalie : elle est entourée d'un grand anneau à l'équateur et qui flotte dans l'espace sans la toucher. La matière, à l'origine, s'était portée vers l'équateur de l'astre, poussée par la force centrifuge; puis, quand le refroidissement a commencé, il aura été inégal et le bourrelet équatorial se sera séparé en continuant sa route et suivant la rotation de l'astre, comme s'il faisait encore partie intégrante de toute la masse. Plus le refroidissement se sera produit, et plus l'anneau se sera écarté ; il s'est même fendu lui-même en plusieurs anneaux secondaires, ce qui me paraît une preuve irrécusable de sa solidification.

Ayant peu de masse, en effet, il aura

vite perdu assez de quantité de mouvement pour se solidifier. Il y a cela de curieux que cet anneau est en somme un satellite, et que les organismes ont dû s'y développer et subsistent sans doute encore. Ils doivent être peu avancés dans l'échelle des êtres, mais, s'ils ont l'entendement fait pour concevoir la beauté du spectacle qui les entoure, ils ont dû plus d'une fois tomber en extase devant ce magnifique globe qui court avec eux au milieu des espaces en les éclairant et les chauffant.

L'inverse se manifestera bientôt, et les futurs habitants de Saturne jouiront de la vue singulière de cet immense anneau qui les séparera du ciel comme un gigantesque garde-fou. Saturne a sept satellites sans doute trop refroidis pour permettre à la vie de s'y développer encore.

Neptune, qui vient ensuite, a une masse de 87 ;

Une densité très-faible, ,1 8 ;

Et une pesanteur de 1 1/3. Elle reçoit

très-peu de chaleur du Soleil : aussi doit elle être refroidie déjà assez pour permettre le développement d'organismes. On n'a pu déterminer, à cause de son éloignement, sa vitesse de rotation ; à sa faible densité, nous pensons qu'elle doit être considérable.

Uranus n'a qu'une masse de 77, plus vieille que Neptune, par conséquent plus éloignée encore.

Densité très-faible, analogue à celle de Saturne, 0.9 ;

Pesanteur 2/3 ; rotation inconnue, mais assurément très-rapide.

La matière y est peu condensée, malgré le refroidissement plus grand que pour les planètes précédentes, cependant assez sans doute pour donner naissance à des organismes.

J'achève et je résume, messieurs, cette trop longue excursion à travers les molécules constitutives du corps céleste dont nous faisons partie. J'ai décrit brièvement les conditions d'habitabilité des planètes. Je les place ici en quelques mots pour que chacun de vous juge bien de quel astre peut être descendu l'étrange individu découvert par MM. Paxton et Davis. Ici, comme ailleurs, la théorie nous aura sans doute guidés vers la vérité.

LA VIE DANS LES ASTRES.

Soleil. — Inhabité encore.

Mercure. — Habité, êtres inférieurs, homologues des espèces futures terrestres.

Vénus. — Habitée; êtres complétement analogues à ceux de la Terre; faune et flore correspondantes.

La Terre. — Habitée depuis longtemps déjà et le sera longtemps encore.

La Lune. — Plus habitée; l'a été.

Mars. — Habité; êtres analogues à ceux de la Terre, plus petits et inférieurs; homologues, il y a longtemps déjà, des espèces terrestres, maintenant habité par des êtres correspondant dans l'échelle organique aux futurs habitants de la Terre.

Jupiter. — Non habité encore. Satellites habités.

Saturne. — Êtres inférieurs, Satellites peut-être encore habités.

Neptune. — Habité sans doute par des êtres inférieurs.

Uranus. — Organismes rudimentaires.

Il suffit, messieurs, de parcourir ce résumé pour se convaincre que l'homme interplanétaire, s'il a bien réellement une origine ultra-terrestre, ne peut provenir, d'après ce qui précède, que de la planète Vénus ou de la planète Mars.

Tous les géologues seront sans doute de mon avis, lorsque je dirai pour ma part que je n'hésite pas entre les deux hypothèses, et que j'opte pour Mars.

Vénus et la Terre se suivent degré par degré ou à peu près : or, l'homme ne devait pas exister sur Terre quand l'aérolithe y est tombé, puisque l'apparition de l'espèce humaine sur notre globe est postérieure au dépôt qui recouvrait la bolide : donc, le type analogue ne devait pas exister davantage dans Vénus.

Au contraire, il ressort de ce qui précède que l'homologue de l'espèce humaine terrestre dans Mars a dû faire son apparition à une époque beaucoup antérieure à la nôtre : il n'y a donc rien d'étonnant à la rencontrer dans une couche géologiquement ancienne. Enfin, si, ce qu'il est bien permis de supposer, les dimensions des organismes dans chaque monde sont proportionnelles à leurs volumes, la petitesse relative de la momie lui donne pour origine Mars.

On voit donc qu'en définitive la théorie s'accorde très-bien avec les images grossières de notre système solaire figurées sur la plaque trouvée dans l'aérolithe. La première idée, quand on voit Mars, dont le volume est plus petit que celui des planètes environnantes, dessiné plus gros ; lorsque l'on voit, à côté et à peu près avec les distances qui les séparent, le Soleil, Mercure, Vénus, la Terre, la première idée qui vient à l'esprit est assurément de rapporter cette représentation grossière à des êtres habitant Mars.

Sous ce rapport, j'admets donc très-bien les conjectures de MM. Paxton et Davis. Comme de plus les considérations les plus éloignées de ce point de départ nous ramènent par une autre route aux mêmes conclusions, je ne puis m'empêcher de signaler à toute l'attention de l'assemblée ces frappantes coïncidences : il y a là un argument sérieux en faveur de l'hypothèse de la chute d'un véritable habitant de la planète Mars.

Telle est, messieurs, la thèse que je voulais développer et que je vous remercie d'avoir écoutée avec autant d'indulgence.

M. STECK. Monsieur le président, je demande la permission de faire observer à M. Greenwigh qu'il a oublié la Lune.

L'être momifié qui a été découvert ici,

dit-on, ne peut tomber que de Mars ou de Vénus : mais, d'après les vues mêmes de M. le vice-président, pourquoi pas, s'il vous plaît, de notre satellite? M. Greenwight a écarté la Lune de la question, un peu trop vite et un peu trop lestement, ce me semble. La Lune est très en avance sur la Terre : donc, avant l'apparition de l'homme sur notre planète, bien avant, l'espèce humaine lunaire devait exister. La Lune est tout près de nous : donc tout aussi bien et même mieux que de Mars un habitant lunaire a pu tomber sur notre globe aux premières époques géologiques.

M. GREENWIGHT. M. Steck me rappelle en effet que j'aurais dû citer la Lune; je vais réparer mon impolitesse envers notre satellite. Je ne pense pas que la momie soit d'origine lunaire, n'en déplaise à M. Steck, et voici pourquoi.

D'abord, si nous mettons de côté pour un instant les notions de distance, il n'y a plus de raisons particulières pour admettre que l'homme interplanétaire vienne de notre satellite plutôt que d'un autre.

Beaucoup de satellites en avance sur nous ont dû avoir des homologues de l'espèce humaine pendant les époques géologiques terrestres. Nous n'aurons plus que l'embarras du choix.

Pourquoi ne plus admettre même que l'aérolithe n'est qu'une portion de satellite avec son habitant, et que d'autres portions sont enfermées dans les couches primitives à cette époque molle et pâteuse. Les débris y auraient pénétré comme une pierre dans la vase. Le champ devient large et de plus en plus accessible à l'hypothèse? Si l'on tient compte du voisinage de la Lune, il n'y a pas, je pense, plus de raison pour admettre qu'une portion d'astre puisse tomber d'un million de lieues que de centaines de millions. Ceci, du reste, sera éclairci par un de nos confrères.

A ce point de vue donc, la question se

compliquerait sans faire un pas en avant. J'aime mieux dire à mon honorable contradicteur que, suivant toute probabilité, l'homologue lunaire de l'espèce humaine terrestre serait aussi proportionnelle au volume du satellite : or, si l'on compare les volumes de la Terre, de la Lune, de Mars, on trouve que les dimensions de l'homme à la surface de la terre et de l'homme interplanétaire sont entre elles comme les volumes de notre globe et de Mars ; quand on veut comparer avec la Lune on trouve une hauteur beaucoup trop considérable ; les habitants de la Lune ont dû être certainement plus petits que nous et dans une proportion assez grande.

C'est pour cette raison, qui en vaut bien une autre, en pareille occurrence, que j'avais négligé de mettre en ligne de compte notre satellite. Du reste, j'invoquerai ici l'appui des chimistes. La densité de l'aérolithe pourra apporter quelques lumières dans la question.

M. LIESSE. Demain, nous ferons connaître

la densité des principaux échantillons de l'aérolithe.

Plusieurs membres vont féliciter M. Greenwight. La séance est levée à cinq heures.

LETTRE IX

La salle des séances. — Nouvelles de l'aérolithe. — Où l'on travaille pour le roi de Prusse. — Le banc des journalistes. — Seringuer bâille. — Williamson critique. — Un singulier petit bonhomme que ce Williamson! — Portrait en pied. — Noirot de Sauw. — Métis de Chinois et d'Autrichien. — Cailloutage littéraire. — L'abbé Omnish. — L'homme interplanétaire peut-il tomber de la lune? — Ce que répond la matière. — MM. Haughton et Zeigler. — Seriez-vous matérialiste, monsieur? — Les générations spontanées en Amérique. — Qu'est-ce que la vie?

La salle des séances est plus garnie encore que les jours précédents. Les discussions avancent, il est vrai, mais les curieux arrivent de plus en plus nombreux. On est obligé d'occuper plusieurs boats et convois au ravitaillement de Paxton-House. Le propriétaire vient de faire construire encore de nouvelles maisons en planches. Il y a littéralement foule sur les travaux. On entoure l'aérolithe et on se presse aux fenêtres de la salle. C'est à qui saisira un mot de la discussion. Beaucoup de personnes, heureusement, viennent le matin du fort Ben et s'en vont le soir.

On a bientôt perforé en entier l'immense bolide, mais sans nouveaux résultats. M. Vanbrée fait avec M. David et plusieurs autres géologues de la commission une exploration des environs, pour voir si l'on ne trouverait pas d'autres spécimens de la roche interplanétaire, quelques éclats analogues à nos petits aérolithes actuels : mais les recherches sont très-difficiles au milieu de ces forêts vierges réellement impraticables, à moins d'avoir recours à la hache et au feu.

Nous sommes presque tous au complet sur le banc des journalistes ; l'abbé Omnish, Seringuier, Noirot de Sauw, trouvent les débats bien longs. Seringuier prend cependant son mal en patience et fait rédiger les comptes rendus pour un almanach populaire. « Le public lira cela, dit-il, bête ou nom, qu'importe? mon nom au bas, le format Hacken, le livre serait-il cousu de feuilles blanches, qu'on le trouverait encore très-intéressant. » Il a raison pourtant! Le public est naïf!

Williamson, un tout petit homme qui voudrait faire du bruit comme quatre, mais qui ne peut se retrouver dans sa prose filandreuse, critique Greenwight, critique Newbold, critique Stek, critique les débats, critique tout le monde. Il se critiquerait lui-même, s'il osait! Williamson, sous prétexte de faire de la science, prêche tous les dimanches dans le journal quotidien le *Strand* pendant deux longues colonnes.

Vous pensez peut-être qu'il s'occupe de vulgariser la question à l'ordre du jour? Bah! la chose est trop simple pour lui : il fait comme si les lecteurs étaient au courant, il met la charrue avant les bœufs et discute gravement et sentencieusement de la méthode scientifique. Il critique encore et toujours, sans s'apercevoir qu'il parle dans le désert ! La critique est fort intéressante, mais faut-il encore savoir, avant tout, de quoi il s'agit. Qu'importe, lecteurs du *Strand*, pourvu que Williamson critique ! Vétérinaire de profession, je crois, il tranche avec un adorable sans-façon les questions d'astronomie et de mécanique ; les questions d'art vétérinaire, il ne s'en préoccupe jamais ; il appelle cela faire de la science sans préjugés, comme si la science n'était pas la Science ! Quel impayable petit bonhomme !

L'année dernière, les conférences étaient en grande vogue à Richmond. Il annonce dans tous les journaux, placarde sur tous les murs l'ouverture de son cours. Il cherche le plus grand local possible pour y établir sa personnalité. Jamais, dit-il, salle ne sera assez vaste pour contenir mes auditeurs. Helas ! pauvre confrère ! ce jour n'arriva que trop vite ! Le professeur dut partager le même sort qu'Ampère, votre original d'Ampère. Vous vous rappelez qu'un jour de mauvais temps, il arriva au collége de France en voiture. Il commença sa leçon et la termina devant un seul auditeur très-attentif. Entraîné par son sujet, il dépassa le temps réglementaire. Aussi regardant sa montre : Ah! pardonnez, monsieur, dit-il, de vous avoir retenu si longtemps !

L'auditeur le regarda étonné. Mais, Monsieur sait bien, répondit-il, que j'ai tout mon temps ; ne m'a t-il pas pris à l'heure ?

Hélas ! le seul auditeur d'Ampère, c'était son cocher de fiacre.

De même pour Williamson, mais qui, moins distrait et pour cause, eut tout le temps de se dépiter de l'aventure. Un seul disciple se présenta, et ce seul auditeur, c'était l'agent du cours. Williamson a abandonné les conférences.

L'Académie de médecine de Richmond vient de lui refuser aussi, très-catégoriquement, un de ses fauteuils vacants. Williamson a beaucoup à vieillir avant de grandir.

Noirot de Sauw, tout rabougri, comme un

vieux pommier de Normandie tordu par les années, cache son ignorance dans son assurance. Il a passé, et de beaucoup, la soixantaine ; il est courbé ; de profil il tient du chimpanzé, sans aucune flatterie : de face, c'est une momie égyptienne vivante. Quel singulier individu ! Il porte dans la vie privée un nom avec une particule qui fait place à une simple parenthèse, au bas de ses productions. Bien qu'il ait un nom presque français, il ne parait guères l'être ; à son allure, à son caractère, on aimerait mieux voir un métis de Chinois et d'Autrichien.

Le style est comme l'homme, vieux, rabougri, sec, tendu, sans aucune synovie aux articulations ; on dirait à chaque virgule, que la phrase va craquer et se fendre ; c'est de la prose qu'il est temps de remiser. Noirot de Sauw fait peu par lui-même, bien peu. Il demande des documents partout, met en place toutes ses notes et réunit ses phrases bout à bout. Puis il signe ce cailloutage et l'envoie pompeusement à tous les académiciens, qu'il salue jusqu'à terre. On dit en effet qu'il a des prétentions académiques; que Dieu en garde les académiciens à tout jamais passés et à venir.

Triste, triste ! Envieux, jaloux, hargneux pour tout le monde ; triste, triste ! enfin c'est un type ! on lui pardonne par amour de la science.

L'abbé Omnish est un autre type, mais vous le connaissez : qui ne le connaît sur la surface du globe ? Bon confrère et réellement savant, il a peu de rivaux, s'il en a. Je reviens aux débats dont je me suis laissé écarter en avisant la bonne et béate figure de Seringuier.

M. NEWVOLD. La parole est à M. Liesse.

M. LIESSE. Je n'ai que quelques mots à dire, monsieur le président. M. Greenwight, dans sa remarquable dissertation, a pensé que l'on trouverait un éclaircissement dans la densité de l'aérolithe. La matière sur Mars doit être en effet moins condensée et encore beaucoup moins dans la Lune : de là un moyen tout simple d'écarter notre satellite du débat.

J'ai, avec le concours de M. Siemann, déterminé la densité de plusieurs échantillons, et même celle de l'argent trouvé dans le bolide. Les chiffres se rapprochent complétement de ceux que nous obtenons sur nos minéraux et nos métaux terrestres, cependant un peu plus faibles. Il est bon toutefois d'ajouter que proportionnellement la densité de ces matières devrait être moindre qu'elle ne l'est en réalité ; en tous cas, elle est trop forte pour permettre d'attribuer leur origine à notre satellite ; la densité des roches lunaires doit être notablement plus faible, et, comme l'a très-bien dit M. Greenwight, j'écarte la Lune du débat sans autre hésitation.

M. GREENWIGHT. Qu'il me soit permis de remercier M. Liesse de son appui et de faire remarquer à l'assemblée que, loin de m'étonner, les discordances signalées par mon savant collègue dans la densité de la substance de l'aérolithe ne font que m'affermir davantage dans mon opinion première. En effet, la densité de ces matières était, à l'époque de leur chute, plus faible que celle des substances terrestres similaires, mais elles ont traversé l'espace, elles se sont condensées, elles se sont ensuite agrégées, obéissant aux nouvelles forces terrestres, puis encore condensées par le refroidissement qui a séparé leur arrivée ici de l'époque actuelle.

Quoi d'étonnant à ce que leur densité soit relativement élevée ! Le contraire serait plus inexplicable. Ce que je voulais, en priant M. Liesse de déterminer la densité, c'était surtout de mettre la Lune hors de cause. Or la question soulevée par M. Steck me paraît absolument vidée. L'aérolithe et ses habitants n'ont pu théoriquement descendre que de la planète Mars ; reste à savoir comment : c'est M. Owerght qui a bien voulu se charger de ce point et qui l'éclaircira, j'en ai la conviction, avec son talent ordinaire.

M. HAUGHTON. Monsieur le président, j'ai

demandé la parole, il y a plusieurs séances déjà, et je pense qu'avant d'examiner la possibilité de la chute d'un aérolithe venant d'une autre planète, il ne serait pas superflu d'aborder tout de suite la question capitale, à mon avis, du développement des êtres à la surface de la terre et des mondes similaires. Je désirerais, à ce propos, faire quelques objections à l'opinion de M. Greenwight.

M. NEWBOLD. La parole est à M. Haughton, mais je suis forcé de rappeler, messieurs, que le temps se passe, et que je recommande à mes collègues la plus grande brièveté possible.

M. HAUGHTON. Qui dit être, messieurs, dit vie. Or, qu'est-ce que la vie? Pour M. Greenwight, si j'ai bien compris, la vie résulte d'une masse donnée unie à une quantité de mouvement donnée. Cependant, messieurs, si cela était, qui m'empêcherait de produire la vie? la quantité de mouvement, n'en suis-je pas maître; la masse, ne puis-je l'accroître ou la diminuer à volonté?

Voici de la matière, puis encore de la matière : l'animerai-je ? Non, mille fois non. Je produirai des réactions chimiques, mais des réactions qui ne se poursuivront pas d'elles-mêmes et qui s'éteindront au bout d'un certain temps. Tel n'est pas le caractère de la vie. Et, d'ailleurs, dans ce cas, nous verrions la vie se manifester à chaque instant là où de la matière serait en contact avec de la matière ; les générations spontanées se produiraient sous nos yeux et à tout moment. Il n'en est rien.

Et puis, pourquoi la mort après une évolution de la matière aussi courte ? N'est-il pas clair que la quantité de mouvement n'a pu beaucoup varier pendant si peu de temps ? D'ailleurs, l'individu succède à l'individu, et ce qui tue l'un animerait l'autre ; il y a là des anomalies et des contradictions qui me font repousser la définition mise en avant par le savant astronome. Non, la vie n'est pas une réaction.

M. ZIEGLER. Je prendrai la liberté d'interrompre mon illustre confrère : je partage jusqu'à un certain point les idées de M. Greenwight, et je tiens à ne pas laisser sans réplique les négations de M. Haughton. J'y tiens d'autant plus que, dans une autre enceinte, en France, aucun académicien, dans une dispute qui dure depuis plusieurs années, n'a osé omettre l'opinion que j'oppose à M. Haughton. La cause de mon honorable collègue est défendue avec talent, à Paris, par MM. Pasteur, Milne Edwards, Balard, etc., etc. ; la mienne, ou à peu près, par des professeurs de province : MM. Pouchet, Joly et Musset. Pourquoi à l'Institut de France, bien que plusieurs académiciens aient sur ce sujet une opinion arrêtée, pourquoi personne n'a-t-il élevé la voix en faveur de l'hétérogénie[1]?

Je vous demanderai à ne pas suivre cet

---

1. M. Ziegler ignorait sans doute à cette époque que M. E. Fremy, professeur de chimie au Museum et à l'École Polytechnique, membre de l'Académie, avait libéralement mis son laboratoire à la disposition des hétérogénistes, alors que toutes les portes leur étaient fermées. Nous ne connaissons pas les opinions de M. Fremy sur la génération spontanée,

exemple, et, bien que je fraye une voie tout à fait nouvelle, parmi vous, je solliciterai la permission de dire tout ce que je pense. N'est-ce pas la vérité, messieurs, que nous cherchons tous ? nous devons travailler en commun et apporter chacun notre pierre à l'édifice.

Évidemment, de la matière ajoutée à de la matière ne saurait dans tous les cas produire la vie. Mais j'ose dire que cette juxtaposition en est la condition nécessaire et suffisante.

Les corps organisés sont des corps dont les éléments matériels sont susceptibles d'être ébranlés par la quantité de mouvement normale venue du Globe lui-même ou du Soleil ; ces corps entrent en vibration harmonique ; ils s'animent, ils vivent ; et les réactions s'y produisent et s'y

---

mais nous tenions à faire observer à M. Ziegler qu'un Académicien de l'Institut de France avait osé tendre la main aux hétérogénistes, alors que, non-seulement, ils n'étaient pas défendus, mais qu'ils étaient encore repoussés de toutes arts par la science orthodoxe.

perpétuent pendant un temps donné qu'il faudra définir dans la suite.

Quant à ces éléments matériels des corps organisés, remarquez : ils sont toujours formés de matériaux minéraux divers dépendant du milieu dans lequel ils sont placés et invariablement en tout ou en partie de composés fixes : le carbone, l'azote, l'hydrogène, l'oxygène.

Vous niez que de la matière unie à de la matière suffise pour déterminer la vie, et cependant ne voyez-vous pas une réponse implicite dans cette juxtaposition continuelle de quatre corps : le carbone, l'azote, l'hydrogène, l'oxygène ?

N'apercevez-vous pas nettement ici que certaines variétés de la matière, certaines agrégations, certains composés seuls ont le pouvoir de constituer les corps vivants ? N'est-ce pas avouer que, si vous saviez les placer en présence dans les conditions voulues, vous amèneriez la vie ?

— Quoi ! un être n'est formé que d'une

seule substance, d'une substance parfaitement définie parmi les innombrables matériaux de la nature, et cela quel que soit l'être, et vous refuseriez d'y voir un premier indice ! La logique vous ordonne au moins d'émettre un doute et vous défend de trancher si vite dans une question si ardue.

M. NEWBOLD. Messieurs, n'oublions pas l'habitant interplanétaire.

M. ZIEGLER. Oui, monsieur le président ; j'avance.

Chaque fois que vous vous trouverez en présence d'agrégations matérielles trop denses pour être excitées encore par la quantité de mouvement reçue par la planète, vous n'aurez devant les yeux que des corps inertes, non susceptibles d'entrer en vibration harmonique avec ce mouvement, non susceptibles de perpétuer cette force un certain temps, incapables de vivre. Voilà la nature inorganique.

Au contraire, avez-vous devant vous des agrégations assez peu denses, assez mobiles pour emmagasiner le mouvement, le perpétuer un certain temps, comme la corde mue par l'archet vibre encore quand l'effort a cessé, vous verrez naître et se développer, s'accroître et vivre, ces agrégations tout à l'heure inertes. Voilà la nature organique.

Or, est-ce là une hypothèse, un rêve? Si oui, pourquoi donc ne trouvons-nous jamais associées que les mêmes molécules, les mêmes agrégations atomiques : le carbone, l'azote, l'hydrogène, l'oxygène. Vous voyez bien, messieurs, que certaines molécules seulement et de composition invariable aiment à se rencontrer ensemble.

Elles seules sont susceptibles de recevoir et de transmettre le mouvement. Ne faut-il pas conclure, bon gré mal gré, qu'avec elles seules vous produirez la vie? Donc il est vrai d'avancer que de la matière convenable et excitée par une quantité de mouvement convenable est nécessaire et suffisante pour donner lieu à la vie. De là cette définition :

La substance organisée n'est que de la matière susceptible d'excitation harmonique en présence de la quantité de mouvement libre à la surface du globe.

La vie n'est que la détente de la quantité de mouvement intérieure emmagasinée à l'origine dans la matière et perpétuée par la quantité de mouvement extérieure. La vie dépend donc de l'agrégation initiale de la matière et du milieu dans lequel elle se trouve.

M. HAUGHTON. M. Ziegler étendra-t-il cette opinion, non plus seulement à la matière organisée, c'est-à-dire à la substance susceptible d'accroissement ou de déperdition qui constitue les êtres vivants, mais aux êtres vivants eux-mêmes : aux végétaux et aux animaux.

M. ZIEGLER. Très-certainement, la loi est la même partout. M. Greenwight a dit avec son autorité : Les constellations, les astres surchargés de quantité de mouvement, étaient à l'état embryonnaire ; à mesure que cette quantité de mouvement a diminué, les mondes ont vieilli ; quand elle sera devenue nulle, ils mourront. Je n'ai qu'à répéter sa phrase pour la nature organique. La matière excitée s'est agrégée suivant des combinaisons diverses.

La chute de ces innombrables atomes les uns sur les autres pour chaque petit corps, si infime qu'il soit, a produit une grande quantité de mouvement[1]. La détente de cette quantité de mouvement intérieure, chaque jour ralentie par la quantité de mouvement extérieure, comme le refroidissement des astres l'est par le rayonnement du So-

---

[1]. Les physiciens modernes assimilent en effet toute combinaison chimique à une véritable collision d'atomes ou de molécules. On sait que le choc d'une balle contre une cible détermine de la chaleur; c'est que la vitesse anéantie s'est transformée en chaleur. Chaleur et mouvement ne sont en effet que les manifestations différentes d'une même cause. Or si une combinaison chimique développe de la chaleur, c'est précisément à cause du choc des molécules les unes contre les autres. La combustion du charbon dans l'oxygène est un phénomène de même ordre que la chute d'un corps sur la terre : un diamant qui brûle dans l'oxygène, ne s'enflamme que par suite de la chute sur lui des atomes d'oxygène. On aurait la chaleur produite si l'on connaissait la vitesse des atomes, leur masse et leur vitesse de marche.

On pourrait faire observer que la chaleur développée par le choc d'un corps qui tombe sur la terre est tout à fait hors de

leil, détermine les différentes phases de la vie.

L'énergie du ressort avec lequel elle s'échappe, c'est la force vitale : ainsi vous passez forcément par la jeunesse, la vieillesse, et quand la quantité de mouvement intérieure est enfin épuisée et que l'excitation extérieure est insuffisante pour maintenir l'équilibre, survient la Mort.

Les agrégations moléculaires subsistent encore ensuite comme les astres restent néanmoins à l'état solide après leur refroidis-

---

proportion avec celle que produit dans l'expérience précédente le choc des atomes. La réponse est facile. Pour établir une comparaison, il faut se mettre dans des conditions identiques. Les atomes de charbon et d'oxygène s'élancent l'un vers l'autre d'une grande distance relative. Soulevons donc un corps, par la pensée, assez loin de la terre pour que l'attraction devienne presque insensible comme dans le cas des atomes, le calcul démontre qu'alors la vitesse de chute du corps sera telle qu'il engendrera deux fois plus de chaleur que la combustion d'un poids égal de charbon pur. On ne peut donc plus s'étonner de la température produite par le choc des atomes les uns contre les autres.

L'agrégation d'un ensemble d'atomes engendre donc une grande somme de chaleur et de mouvement. C'est là l'origine de la vie, lorsque les atomes sont convenables et lorsque la quantité de mouvement des corps environnants est susceptible de les ébranler harmoniquement.

sement complet. Mais, quand les molécules ont fini par vibrer à l'unisson avec les molécules des corps voisins, qu'il n'y a plus aucune tendance à s'agréger, les corps organisés se désorganisent à leur tour comme les vieux astres de l'espace, et les molécules comme les atomes interplanétaires reprennent leur liberté pour aller entrer plus loin dans de nouvelles combinaisons. Tel est le cycle de la vie.

M. Haughton me demande comment je fais naître ainsi les végétaux et les animaux. J'ai montré la génération des tissus, des cellules embryonnaires de toute substance organisée ; l'ensemble naîtra des détails, l'être des parties constitutives. Mais la séance est très-avancée ; avec l'agrément de l'assemblée, je remettrai à demain le développement de cette thèse.

LETTRE X

La genèse des êtres. — Les premiers organismes de la terre. — Les végétaux rudimentaires. — Loi de formation et de reproduction. — Les premiers animaux. — Quelques lignes de Lavoisier. — Solidarité des êtres. — Espèces. — Variétés. — Où c'est le terrain qui fait son homme. — Tel sol, tel animal. — De la taille. — Époque des grands animaux.

La parole est continuée à M. Ziegler.

M. ZIEGLER : Messieurs, si vous avez encore présents à la mémoire les quelques détails dans lesquels je suis entré hier, je crois pouvoir vous faire assister à la genèse des êtres, comme M. Greenwight a déroulé devant vous la genèse des mondes.

A l'origine, la quantité du mouvement de notre globe était trop grande pour permettre aucune juxtaposition des éléments organiques. Quand elle est devenue assez petite pour leur permettre l'association, l'agrégation, les molécules organiques se sont unies et ont produit les premières organisations rudimentaires, organisations invisibles pour nous, tant elles étaient petites et imperceptibles, si nous avions pu alors exister sur la surface du globe. Ces corps organisés, qu'étaient-ils? Nous nous garderons bien de les définir. Qu'étaient-ils! Des amas de molécules qui, en s'unissant, avaient par ce fait même condensé une certaine quantité de mouvement. Cette agrégation, excitée par le mouvement extérieur, était susceptible de s'accroître par l'adjonction de nouvelles molécules, par un échange avec les autres matériaux voisins. D'où la naissance, la vie, puis, après la détente de tout ce mouvement, la mort. Ainsi prirent naissance, aux premiers âges de notre planète, les organismes les plus rudimentaires; ils se groupèrent sans doute en abondance un peu partout et couvrirent la surface du globe.

Mais ces petits corps, ces petites cellules élémentaires ballottées de toutes parts au milieu de l'atmosphère chargée de gaz, finirent par retomber sur la surface solide ; elles y trouvèrent de nouveaux éléments d'agrégation, et la plupart, puisant des matériaux inorganiques dans le sol, les entraînèrent dans leur évolution et se transformèrent en organisations plus complexes. Ainsi alla, se compliquant constamment, et successivement la molécule organique primitive, prenant quelquefois de la force et de la densité dans son adjonction avec des molécules inorganiques. Telle est l'origine des végétaux. Les formes se multiplièrent de plus en plus, depuis la cellule et le tissu élémentaire jusqu'aux tissus multiples. Avant tout, affaire de masse, de temps et de quantité de mouvement intérieure et extérieure.

Pensez-vous qu'un de ces amas de molécules organiques, en présence de nouveaux amas, dût gagner toujours et augmenter indéfiniment par juxtaposition et combinaison ? Non, messieurs, le végétal primitif, la cellule rudimentaire ne pouvait croître à l'infini. Sa vie dépend de sa quantité de mouvement : or sa quantité de mouvement est finie.

Lorsque la surface développable de la cellule sera devenue suffisamment grande par l'adjonction des molécules voisines, sous l'action des forces extérieures (chaleur propre du globe et chaleur solaire), il se fera équilibre entre la déperdition superficielle et la détente vitale; l'élément organisé ne pourra plus gagner : mais voyez ce curieux mécanisme. C'est la surface qui fait dépérir l'individu ; la quantité de mouvement insuffisante pour le faire vivre dans cet état nouveau concentre ses efforts ailleurs en un point unique. Un nouveau centre d'action se forme, de nouvelles molécules s'agrégent, un nouvel individu apparaît. Les astres étaient des centres d'action constamment variables; ces végétaux rudimentaires sont aussi des centres d'agrégation incessamment transmutables. C'est ainsi que la cellule primitive se reproduit indéfiniment par fissiparité, fractionnement, bourgeonnement, etc.

On pourrait supposer qu'il y a perte de quantité de mouvement chaque fois dans la mort et la naissance de chaque élément organique : mais non, car l'agrégation forcée de nouvelles molécules condense chaque fois de nouvelles forces.

Quant à ces infiniment petits rudimentaires, il est évident que nous devons les retrouver à tous les âges de l'existence de notre planète, tant que les conditions de température permettent aux molécules organiques de subsister.

Ils se formeront de toutes pièces toutes les fois que les éléments physiques de leur existence ne leur feront pas défaut, ou ils se reproduiront par fractionnement. De ce qui précède résulte que pour moi, contrairement à l'opinion de M. Haughton, si l'on met les éléments organiques en présence, en quantité voulue, si vous les exposez à une chaleur et surtout à une lumière convenable, à l'humidité, à l'état électrique voulu, vous produirez leur association, vous constituerez de toutes parts des êtres susceptibles de vivre, de se nourrir et de se reproduire : par conséquent, des végétaux par définition [1].

---

[1]. Résumons à ce propos ce que disait M. Tyndall, professeur de physique à *Royal Institution* dans une de ses belles conférences :

Le soleil, c'est-à-dire la source de la chaleur, de quantité de mouvement, c'est le foyer universel de la vie organique et animale. Il *travaille* à fabriquer les plantes, à fabriquer les animaux. Il a été dit que les atomes de substances différentes, quand ils se combinaient, tombaient les uns sur les autres à la façon d'un corps tombant sur terre. De même qu'on peut soulever un corps au-dessus du sol, de même on peut séparer des atomes qui sont combinés. Ainsi, l'acide carbonique, ce gaz connu de tout le monde, résulte de la chute des molécules d'oxygène sur des molécules de charbon. Ce composé est gazeux et répandu dans l'atmosphère. Il peut disparaître, quand on éloigne ses molécules constitutifs et rendre intacts les atomes de charbon et d'oxygène qui le formaient. Ce phénomène se passe journellement dans la nature. L'acide carbonique fournit en effet aux végétaux le charbon qui entre dans leur charpente ; la lumière solaire sépare les atomes, met en liberté l'oxygène qui va servir à la vie animale, et introduit le carbone dans l'agrégation constitutive de la fibre ligneuse.

Aussi, qu'un rayon de soleil pénètre dans une forêt, la

La cellule végétale est distincte de la cellule animale ; même origine, cependant, mais groupement moléculaire différent.

L'agate, le jaspe, l'améthyste, ne sont que de la pierre à fusil, mais leurs molécules sont diversement combinées. Ainsi pour la cellule végétale et l'élément animal. Les rudiments anatomiques se constituaient sans doute en même temps que les rudi-

---

quantité de chaleur qui sera rendue par le rayonnement ne sera plus exactement la quantité reçue. Une portion aura été employée à fabriquer des arbres. Et qu'on le remarque bien, le rayon solaire ébranle seulement les molécules organiques et reste insuffisant pour agir mécaniquement sur les molécules inorganiques; ici encore s'aperçoit le principe émis par Ziegler.

Le fait en lui-même n'est-il pas merveilleux ? Voyez d'ici ce rayon lumineux qui glisse coquettement de branche en branche à travers la verdure. Vous pensiez peut-être qu'il n'était bon à rien. Quelle erreur! Bon à rien. Mais c'est lui qui fait l'arbre, c'est lui qui fait cette forêt au milieu de laquelle vous vous promenez, cette charmille touffue, ces petits oiseaux qui s'y becquettent et semblent le remercier par leur chanson joyeuse. Oh! si les poëtes savaient tout ce qu'il y a de beau et de sublime dans ce rayon d'or qui illumine leur âme, ils n'oseraient plus rimer jamais et se tairaient muets d'admiration devant la grandeur du spectacle et l'incomparable splendeur de l'œuvre. Mais les poëtes prétendent que la science et le poëme sont aux antipodes. Hélas! hélas!

ments végétaux, et la différence est encore insensible aujourd'hui.

Certains animaux et certains végétaux sont si semblables, que l'on ne saurait préciser le point où la série animale cesse pour faire place à la série végétale.

Comme les végétaux rudimentaires, les premiers organismes animaux, en puisant de nouveaux matériaux au sein des eaux, dans l'air, à la surface du sol, se compliquèrent et augmentèrent de dimensions. Comme les végétaux, ils furent obligés de ne pas s'accroître au delà d'un certain point, et leur mort amena la naissance d'individus nouveaux. Quant à la durée de leur vie, elle est évidemment proportionnelle à la quantité de mouvement initiale emmagasinée par l'agrégation moléculaire et à la surface de ces êtres. Elle est donc peu considérable ; la reproduction doit se manifester avec une grande énergie. La vie et la mort passent sur ces organismes avec une rapidité extrême.

Ces êtres primitifs durent seuls exister, pendant des temps considérables, les uns dans l'atmosphère, sur la surface solide, les autres dans les eaux. Puis, quand le calme devint plus grand sur le globe, que les sédiments commencèrent à se déposer, les organismes se montrèrent plus nombreux et plus variés. Les cellules végétales trouvèrent tout autour d'elles des matériaux d'assimilation, plus nombreux.

Les cellules animales s'accrurent aux dépens des cellules végétales et des substances minérales de l'atmosphère et des eaux. Les échanges se multiplièrent, les formes prirent plus de variétés, et peu à peu apparurent les premières espèces qui correspondent aux premiers âges du globe.

Chaque espèce ainsi formée se perpétua forcément pendant d'autant plus de temps qu'elle avait été créée à une époque plus reculée. En effet, un organisme, c'est un centre d'action, c'est de la force emmagasinée : la mort ne vient que lorsque cette force est épuisée, mais les forces extérieures (chaleur, lumière, etc.), qui excitent la détente de la vie chez l'individu, travaillent en outre, accumulent chez lui des matériaux empruntés au milieu où il est plongé.

Or, pour que ces forces puissent exciter la détente vitale, il faut de toute nécessité admettre qu'elles soient capables de produire précisément le même travail qu'elle; autrement, il y aurait arrêt; la vie n'apparaîtrait pas.

Les forces extérieures peuvent donc travailler à grouper de nouvelles molécules et sont susceptibles de déterminer par cette agrégation une quantité de vie égale à celle que possède l'individu. Cette nouvelle agglomération permet la formation du germe, de l'embryon d'un individu semblable au précédent. Et ainsi de suite.

Toutefois, les forces extérieures vont en diminuant sans cesse, bien qu'imperceptiblement. Donc forcément la quantité de vie qu'elles accumulent dans chaque germe va aussi diminuant. A la longue l'espèce périra. Telle est une des causes régulières et insensibles de l'extinction de l'espèce. Quant à la longueur de la vie pour chaque individu, nous l'avons dit, elle dépend de sa masse et de sa surface développable ; la puissance de reproduction également.

Je n'ai pas besoin de faire observer que ces considérations trouvent tous les jours encore une confirmation. Placez un germe ou un organisme déjà en mouvement dans un milieu privé de chaleur et de lumière, et jamais, jamais vous ne verrez la vie naître ou se perpétuer. Du reste, messieurs, je dois rendre justice ici au fondateur de la chimie, à un Français que nous tous admirons, au grand Lavoisier. J'ai retrouvé dans ses écrits ce passage mémorable qui dit et renferme tout :

« L'organisation, le sentiment, le mouvement spontané, la vie, n'existent qu'à la surface de la terre et dans les lieux exposés à la lumière. On dirait que la flamme du flambeau de Prométhée était l'expression philosophique qui n'avait point échappé aux anciens. Sans lumière, la nature était sans vie; elle était morte et inanimée. Un Dieu bienfaisant, en apportant la lumière, a répandu sur la surface de la terre l'organisation, le sentiment et la pensée. »

Ces paroles resteront éternellement l'expression de la vérité. (Applaudissements prolongés.)

M. NEWBOLD. Nous écoutons avec le plus vif intérêt M. Ziegler, mais je suis forcé de lui rappeler que nous nous éloignons sans cesse de la question. Les digressions, si intéressantes qu'elles soient, ne font pas avancer la solution du problème. Que M. Ziegler veuille bien se rappeler que depuis dix jours nous sommes réunis, et nous ne savons pas à quoi nous en tenir encore sur l'habitant de la planète Mars.

M. ZIEGLER. Monsieur le président, j'ai bientôt fini. Si l'assemblée veut m'y autoriser, j'achèverai ma tâche. (Oui, oui, oui!)

Je continue : Le végétal, messieurs, seul,

possède la faculté de tirer directement du sol et de l'atmosphère les molécules organiques et inorganiques; il fait directement la matière organisée. Ceci tient à la simplicité des agrégations qui le constituent. L'animal n'a pas ce privilége, il ne peut s'accroître qu'aux dépens de la substance organisée végétale ou animale. Le végétal a donc précédé l'animal dans la création. Ceci est très-remarquable, il me semble, et marque très-bien la distance qui sépare les deux organismes. L'un élabore ce que l'autre absorbera ensuite.

On voit ici, dès le début, apparaître cette loi immuable de la nature. Toute organisation va sans cesse par degrés ascendants, du simple au multiple, la première création servant à la suivante et toujours.

L'animal ne peut puiser sur place les éléments primitifs d'accroissement, puisqu'il a besoin qu'ils aient subi une élaboration première. Il faut donc qu'il se déplace. A l'origine, cette nécessité de déplacement aura forcé les organismes rudimentaires à se façonner pour la marche, et cette faculté aura été croissant avec la variété des aliments à puiser de toutes parts. Ainsi l'animal aura seul parmi les corps de la nature le pouvoir d'exécuter un travail extérieur. Grande concession qui lui vaudra toute sa supériorité.

Ce privilége, nous le répétons, réduit, très-réduit au début, aura toujours été augmentant.

Nous aurons donc aux premières époques des êtres ne se déplaçant que très-difficilement, puis successivement des animaux de mieux en mieux conformés pour la locomotion.

Des affinités matérielles réciproques seront nées les qualités de chaque individu, puis l'instinct et le caractère dominant de chaque espèce. Il est parfaitement certain que les animaux et les végétaux d'une même période sont non-seulement dépendants l'un de l'autre, mais encore les uns des autres.

Un mathématicien dirait qu'ils sont tous

de véritables variables satisfaisant à une équation. Quand l'équation, c'est-à-dire les forces extérieures, change, les variables, c'est-à-dire les espèces, changent aussi forcément.

Qu'il me soit permis, messieurs, de signaler à vos méditations un grand principe qui paraît gouverner l'évolution de la matière. Je le définirai ainsi :

« Un groupement moléculaire quelcon-
« que tend à produire un groupement mo-
« léculaire semblable. »

La force qui s'échappe d'une agrégation donnée tend à rapprocher harmoniquement le même nombre d'atomes et à créer des molécules similaires. C'est pourquoi, messieurs, plus les sédiments se déposent nombreux à la surface terrestre, plus les substances se groupent et se compliquent, plus les organismes se groupent et se compliquent eux-mêmes.

Vous trouverez leur structure de plus en plus compliquée et dépendante des matériaux voisins, de l'atmosphère, des eaux et du sol; leurs organes se mettront en relation immédiate avec leurs besoins. Le poisson se conformera pour vivre dans les eaux, l'oiseau dans les airs, le mammifère à la surface du sol.

Chaque espèce, nous l'avons dit, ne peut exister indéfiniment. Il est facile de préciser la durée de son existence. Elle a pris naissance, en effet, sous l'ébranlement des forces extérieures agissant sur des agrégations moléculaires définies. L'espèce est donc intimement liée aux variations des forces extérieures (chaleur, lumière....) et par suite aux variations des substances du globe.

Les organismes formés des molécules les plus rudimentaires se perpétueront le plus longtemps; au contraire, les molécules plus complexes variant de groupement beaucoup plus vite, les êtres plus élevés dans l'échelle se perpétueront moins longtemps.

Une espèce s'éteindra forcément quand elle ne rencontrera plus de molécules similaires à celle qui la forme et que les forces extérieures seront devenues insuffisantes pour en déterminer l'ébranlement.

En langage ordinaire, chaque fois qu'une révolution géologique aura modifié le milieu, les espèces changeront; elles se transformeront, et le passage sera d'autant moins sensible que les organismes végétaux et animaux précédents, que le sol lui-même, seront plus complexes et plus variés.

Ainsi, on peut traduire ce qui précède en disant que les premiers organismes peu modifiés se perpétueront presque à tous les âges de la Terre; que les végétaux et les animaux, plus élevés dans l'échelle ascendante, ne peuvent se perpétuer que pendant un temps limité; leur origine et leur extinction dépendent essentiellement du milieu géologique et physique : ils différeront donc en général pour chaque phase géologique, et d'autant plus, que le cataclysme qui aura remanié les matériaux de la surface terrestre sera lui-même plus important; d'autant moins, au contraire, que les changements seront plus insignifiants [1].

Avec la variété des terrains viendra la variété des espèces. Avec leur multiplicité, la supériorité et l'élévation des individus.

Vous le voyez, messieurs, je n'esquive rien, je nie formellement que la création ait

---

[1]. Pendant que M. Ziegler émettait ces vues nouvelles, un savant voyageur français, M. Trémaux, apportait à l'Institut de France des arguments très-sérieux en faveur de la même thèse, et assurément les deux naturalistes ignoraient l'analogie d'opinion qui les unissait entre eux.

M. Trémaux, dans une suite de mémoires très-remarquables et très-remarqués, a posé cette loi : *c'est le milieu géologique et physique qui fait l'espèce.* L'homme le moins parfait appartient aux terrains les plus anciens, et subsidiairement aux climats les plus favorisés. Inversement, l'homme le plus parfait appartient au pays qui sur le moindre espace offre la plus grande variété de terrains, en laissant prédominer les plus récents et subsidiairement encore au climat le plus favorisé et à d'autres causes plus secondaires.

Ne trouve-t-on pas dans cette loi si simple la clef des divergences qui séparent l'école unitaire et les partisans de la diversité d'origine des espèces. Fixité, variabilité, dégénérescence, la formule renferme tous ces cas. Allez habiter les terrains modernes, perfectionnement. Restez sur place, fixité. Gagnez les régions primitives, dégénérescence. N'est-ce pas l'échelle des naturalistes avec ses échelons franchis par en haut ou par en bas.

M. Trémaux a accumulé les preuves. Nous citerons quelques exemples. La Nigritie a d'assez tristes habitants. Voyons la constitution géologique. Presque partout terrains primitifs avec mines d'or. L'Australie si riche aussi en mines d'or est été l'œuvre d'un jour; je combats énergiquement l'opinion qui fait naître tout d'une pièce les espèces variées qui peuplent la terre.

Beaucoup de savants, en Europe surtout, affirment que les germes de tous les animaux existant, ayant existé ou qui exis-

---

formée presque totalement par les roches éruptives ; sa population est très-dégradée et même plus noire que ses voisines bien qu'en dehors des tropiques. Dans la partie méridionale, les Béchouana, les Bakaas, visités par le docteur Livingstone, sont peu favorisés ; leur pays est constitué par des terrains siluriens et des montagnes de basalte noir. Dans la vallée du Zambèse, le sol devient fertile ; les populations s'améliorent. La carte géologique de l'Europe nous montre que la plus grande surface de terrain primitif correspond à la Laponie, qui possède aussi le peuple le plus inférieur. Au contraire les contrées les plus favorisées ne sont-elles pas la France, l'Italie, la Grèce, la partie orientale de l'Espagne et le nord-est de l'Angleterre.

Les peuples de l'hémisphère austral sont inférieurs aux peuples qui leur correspondent dans l'hémisphère boréal ; de même les habitants de la plupart des îles sont moins avancés que les autres. Il suffit en effet de jeter les yeux sur une carte géologique pour constater que là encore les régions considérées appartiennent aux terrains les plus anciens.

Signalons encore ce fait aperçu par Geoffroy Saint-Hilaire, à savoir que le degré de domestication des animaux est proportionnel au degré de civilisation des hommes qui les possèdent. Il est bien clair, en effet, qu'hommes et animaux habitant un même sol, sont nécessairement arriérés et avancés au même degré, selon les formations géologiques.

Tel terrain, tel homme.

teront, sont créés depuis l'origine des temps, et ne commenceront leur évolution que successivement et à leur tour. C'est absolument contraire au raisonnement et à l'étude approfondie des phénomènes biologiques.

Non, messieurs, l'espèce, l'individu, parti de la molécule organique primitive, passe comme le globe lui-même par des phases distinctes; l'espèce naît, croît et meurt comme l'individu.

C'est une intégrale qu'il s'agit de différencier.

Mais comme le globe, comme le système planétaire auquel nous appartenons, chaque espèce en perdant de la vie commence fatalement la génération d'une nouvelle espèce : c'est là une simple question de transmission de force.

Jetez un coup d'œil sur notre époque, vous verrez nos espèces actuelles très-voisines d'espèces précédentes. Il y a déjà transformation. Nos animaux et nos végétaux actuels serviront de transition, et par degrés insensibles, à de nouveaux animaux, à d'autres végétaux.

La fin de l'existence de nos espèces correspondra à la génération des suivantes en rapport avec les forces extérieures de l'époque, avec les milieux géologiques. Ceci est fatalement nécessaire ; les matériaux et l'ouvrier changent : il faut donc que l'œuvre se transforme.

On ne s'étonnera pas non plus de voir un terrain caractérisé par sa faune et sa flore, puisque c'est précisément lui qui a régi l'évolution des organismes pendant tout le laps de temps qu'il a été à découvert.

Quant aux variétés distinctes qui se montrent dans chaque espèce, après ce que nous venons de résumer, il n'est personne qui ne voie de prime abord qu'elles sont intimement liées tout à la fois aux milieux géologiques et physiques. C'est le sol et le milieu ambiant qui fabriquent chimiquement et physiquement l'espèce et l'individu[1].

---

1. On en trouve une confirmation dans ce que nous voyons

Plus l'évolution du globe avance et plus les êtres se perfectionnent par degrés plus insensibles, car les combinaisons de la matière deviennent plus difficiles et plus rares, et les espèces par suite se fondent de plus en plus les unes dans les autres.

Cette remarque suffit aussi pour faire voir que les espèces, après s'être succédé avec rapidité et grande variété, doivent commencer à devenir plus stables et moins faciles à transformer.

Non-seulement la structure des êtres a été en se modifiant, mais aussi leur taille. N'est-il pas parfaitement clair qu'elle a dû croître avec la variété des matériaux disponibles? La force emmagasinée est devenue

---

tous les jours. Est-ce que les essences de nos arbres actuels ne varient pas avec la latitude, c'est-à-dire avec les forces extérieures, avec les terrains, c'est-à-dire avec les matériaux du globe. Est-ce que nos animaux ne varient pas avec les régions? Qui ne sait que certaines espèces ne sauraient vivre ailleurs que dans des latitudes déterminées? Les forces extérieures sont en effet insuffisantes dans les régions froides ou trop en excès dans les régions chaudes pour permettre à la vie de se développer.

plus grande et l'accroissement possible de chaque individu plus considérable.

Il est bien évident que le maximum de taille pour les espèces successives a dû coïncider simultanément avec la plus grande variété de matériaux terrestres et la plus grande somme de forces extérieures. D'une équation encore a dû sortir et sort journellement la taille de l'espèce et de l'individu.

Il semble que nous ayons dépassé le maximum, et que, les forces extérieures décroissant plus vite que n'augmente la variété des combinaisons, la taille des espèces aille en diminuant.

Il est inutile d'ajouter que pour chaque phase la grandeur d'une espèce a toujours dépendu de la latitude et a augmenté sans cesse du pôle vers l'équateur. Des observations nombreuses ont toujours prouvé qu'en effet, conformément à ces déductions, les plus grands animaux se sont toujours rencontrés dans les régions équatoriales. Je terminerai ces considérations, vu l'heure avancée, lundi, si l'assemblée veut bien me le permettre.

LETTRE XI

Comment nous vient la vie. — Détente vitale. — Moyen de la mesurer. — Où le végétal qui pousse dans l'obscurité pèse moins que le grain qui l'a produit. — Du maximum de vie. — Durée de l'existence. — M. Ziegler est en désaccord avec M. Flourens. — Longévité humaine. — Pourquoi les végétaux se réveillent au printemps? — L'homme créé-t-il son semblable? — Machine à fabriquer les êtres. — Transmission de la force organique. — Le Créateur.

M. ZIEGLER. Plusieurs membres de la commission ont bien voulu me faire hier dimanche plusieurs objections : je crains que les physiologistes n'aient pas saisi toute ma pensée et je demande, messieurs, à insister sur le point de départ de la vie ; d'autres enfin n'ont vu dans mon exposition qu'une thèse matérialiste sans issue ; il est indispensable d'éclairer les uns et de rassurer les autres.

Je rappelle ici ce principe fondamental déjà cité :

Une agrégation moléculaire quelconque tend à engendrer une agrégation moléculaire semblable.

Le germe, messieurs, c'est une agrégation moléculaire définie, travaillée, produite par les forces organiques en fonction. Prenez le germe, prenez une graine, prenez un œuf : si vous ne placez ni celui-ci ni celui-là dans les conditions physiques voulues, vous ne tirerez rien, absolument rien de l'un ni de l'autre. Mais mettez la graine dans un milieu convenable, de telle sorte qu'elle trouve autour d'elle à s'adjoindre des molécules similaires, vous verrez bientôt l'activité vitale se développer, la graine se transformer en plante.

La graine, l'embryon, était-ce donc, avant l'excitation des forces extérieures, un corps brut, inerte, inorganique ? Mais non, messieurs, c'était une agrégation de molécules organiques ne possédant pas la quantité de mouvement voulue pour s'adjoindre les molécules similaires ; c'était une création incomplète n'attendant qu'un excès de force pour se transformer. J'ai dit qu'il fallait que deux conditions fussent remplies pour que le germe produisît la plante ; des forces extérieures suffisantes, des éléments d'agrégations voulus. Voici, messieurs, une vérification immédiate.

Supprimons en partie, en partie seulement, les forces extérieures ; plaçons, par exemple, le germe dans une obscurité absolue, et conservons les éléments d'agrégation. La vie, nous l'avons dit, c'est la détente de la force emmagasinée. Or, laissons se détendre la force emmagasinée dans le germe ; comme nous supprimons la majeure partie de la force excitatrice, évidemment la vie sera très-courte ; de nouvelles molécules ne pourront venir se grouper auprès des anciennes ; quand la quantité de mouvement emmagasinée sera épuisée, l'organisme mourra.

Voyez maintenant : voici une graine ; on l'a placée au soleil ; elle a germé ; puis on l'a enfermée dans une chambre obscure. L'excitation solaire lui a donné la vie ; la suppression de cette force ne la lui enlève pas. Il faut attendre que la force emmagasinée soit épuisée : ce végétal va donc vivre et vivre d'autant plus longtemps que la masse de l'embryon était plus considérable. Enfin on le verra s'étioler, puis mourir. Le végétal aura épuisé toute la force emmagasinée dans l'embryon.

Ici se montre dans toute sa simplicité la notion de détente de la force vitale. Si un organisme vit longtemps, il le doit incontestablement à la force qui prend naissance au fur et à mesure de l'agrégation de nouvelles molécules.

Ajoutons qu'avec la déperdition de la force a lieu forcément la déperdition de molécules et que le végétal qui a poussé dans l'obscurité doit peser moins que la graine qui l'a produit.

Ceci semble paradoxal, messieurs, cependant j'ai planté des graines, je les ai pesées, puis, quand le végétal poussé dans l'obscurité était sur le point de mourir, je pesais de nouveau. Les principes disparus s'élevaient à 50 0/0 [1].

Laissez-vous au contraire au germe et les forces excitatrices et les molécules d'agrégation, vous verrez le végétal pousser et gagner sans cesse du poids. Dans cette hypothèse, en effet, le germe, loin de perdre de la quantité de mouvement, en gagne sans cesse; les molécules ne s'échappent plus de la combinaison; elles y rentrent : donc la vie augmente dans l'organisme en même temps que son poids, et ainsi et toujours, chaque fois

---

1. Le fait a été expliqué récemment par un académicien de France, M. B ssingault. Il suffit d'observer que le germe n'est pas la graine. Une graine qui a germé dans l'obscurité perd de son poids très-évidemment ; mais la plante n'en gagne pas moins, bien qu'elle perde en poids sur la graine. Pour se rendre compte de l'anomalie, il eût fallu comparer l'embryon à la plante et l'on eût vu que la plante pesait plus que l'embryon. Ceci n'ôte rien au raisonnement de M. Ziegler. La graine nourrit l'embryon et l'alimente, et quand les matériaux sont usés, le végétal meurt.

que les forces extérieures s'accroîtront, vous remarquerez un redoublement d'énergie vitale et une nouvelle augmentation de poids. Les forces extérieures augmentent à chaque printemps : aussi voyez-vous poindre les bourgeons, et les tiges monter plus nombreuses. Le phénomène est tout simple.

Mais alors le végétal s'accroîtra donc indéfiniment et la vie ira donc sans cesse croissant? Non, messieurs : comme pour tout dans l'univers, il y a un maximum, et, une fois dépassé, la vie se perd progressivement pour disparaître tout à fait.

La vie suit une courbe ascendante, tant que les forces extérieures l'emportent sur la force de détente intérieure, et l'organisme gagne en poids, mais nécessairement l'équilibre est obligé de se faire ; la force éliminatrice intérieure, pour employer le terme usité en physiologie, finit par égaler la force assimilatrice extérieure. A ce moment-là, le végétal ne gagne ni ne perd ; la vie atteint le maximum ; elle va bientôt diminuer.

Et en effet, la force extérieure ne peut plus produire d'agrégation nouvelle; elle est tout entière employée à exciter et à maintenir les molécules qu'elle a agrégées.

La force emmagasinée seule est libre d'agir; d'après ce qui a été dit déjà, on voit qu'elle est précisément égale à la force extérieure qui a bâti l'organisme. Elle est devenue telle par suite des agrégations successives de molécules; elle va peu à peu diminuer et disparaître par suite de désagrégations successives et lentes.

Plus puissante maintenant que la force extérieure équilibrée, elle rendra plus de matériaux que l'autre n'en apportera; elle se perdra sans cesse et avec lenteur; la plante diminuera de poids; il est vrai que chaque nouvelle agrégation apporte une nouvelle quantité de vie, mais comme une partie du mouvement engendré est employée à exciter les molécules ajoutées, il y a en résumé soustraction de force et perte.

Or, la force extérieure est relativement

en quantité infinie ; la force intérieure, au contraire, en quantité essentiellement finie. Perdant sans cesse, il faudra bien qu'elle devienne nulle et que l'organisme meure. Au fur et à mesure de cette déperdition, les molécules se rapprochent, le tissu végétal devient plus serré, il devient vieux.

Quelques-uns d'entre vous, messieurs, auront déjà aperçu l'importante conséquence qui ressort des faits précédents.

La force vitale égale au maximum de l'existence la force extérieure qui l'a produite ; n'est-ce pas assez dire que, si vous doublez le temps nécessaire à un organisme pour atteindre tout son développement, vous aurez la durée normale de sa vie ? N'est-ce pas assez dire encore que la rapidité d'accroissement d'un individu va sans cesse diminuant depuis la naissance jusqu'au maximum de vie, et inversement que la rapidité de déperdition va sans cesse croissant depuis le maximum de vie jusqu'à la mort ?

Un organisme donné exhalera donc dans

sa vieillesse plus d'acide carbonique que dans sa jeunesse, et de là encore un moyen de déterminer l'âge d'un individu.

S'agit-il enfin, messieurs, de préciser la durée de l'existence d'un organisme, vous le ferez vite le mètre en main. Mesurez-le, et, quand il aura atteint tout son développement, il vous suffira de doubler son âge pour avoir la limite normale de sa vie. Ces faits, qui trouvent journellement leur confirmation, viennent apporter un appui considérable à la théorie que j'ai l'honneur d'exposer devant vous.

M. NEWBOLD. Monsieur Ziegler, l'habitant de Mars! l'habitant de Mars! nous n'en finirons jamais?

M. ZIEGLER. J'ai terminé, monsieur le président, ou à peu près.

Je vous ai montré brièvement la naissance, la vie et la mort chez le végétal. Quelques mots maintenant sur l'animal.

M. WILLIAMSON. Le voilà reparti; il va remplir un livre tout entier....

M. ZIEGLER, sans faire attention aux interruptions. D'abord, entre l'œuf et la graine, il y a, messieurs, la plus grande, la plus complète analogie. Jugez vous-même :

Œufs.	Graine.
Albumine.	Albumine.
Matières grasses.	Matières grasses.
Sucre de lait, glucose.	Amidon, dextrine donnant du glucose.
Soufre, phosphore.	Soufre, phosphore.
Phosphate de chaux.	Phosphate de chaux.
Eau en forte proportion.	Eau en faible proportion.
—	Cellulose.

La composition est presque identique. La cellulose doit exister dans l'œuf ; elle y sera rencontrée quand on se donnera la peine de bien l'y chercher.

Comme pour la graine, il faut des conditions physiques déterminées pour exciter le mouvement chez les molécules animales. Sans chaleur, l'œuf reste inerte.

Le développement de l'animal se fait comme celui du végétal ; au lieu de puiser des aliments non élaborés, il va lui-même chercher des substances déjà préparées qui, tout en permettant son accroissement, augmentent sa force vitale. Il gagne sans cesse du dedans au dehors. Comme pour le végétal, il y aura nécessairement un terme à cet accroissement.

Il y aura augmentation de l'individu tant que la force vitale ne sera pas égale à la force qui détermine l'agrégation des matériaux ingérés, mais, cette limite atteinte, il y aura plus de déperdition que de fixation de nouveaux éléments, et insensiblement la vie ira diminuant. Ici encore il ne faut pas s'imaginer que les matériaux acquis doivent disparaître rapidement.

En aucune façon : la force vitale exhale des matériaux; par cela même, elle rompt l'équilibre, et la force extérieure en rapporte de nouveaux : seulement la première l'emporte sur la seconde, et c'est chaque jour une soustraction nouvelle, jusqu'à extinction complète de tout mouvement vital.

La loi de la durée de l'existence vraie pour le végétal doit l'être pour l'animal. Tout individu peut fixer la longueur normale de sa vie en doublant le nombre d'années qu'il lui a fallu pour atteindre son développement complet. Si un homme cesse de s'accroître à quarante ans, c'est qu'il ne dépassera pas quatre-vingt.... et quelques années, pour tenir compte du temps où l'organisme reste stationnaire. L'homme qui n'acquiert son complet développement qu'à cinquante ans vivra cent ans....[1]

Il est très-probable aussi qu'il y a une relation entre la durée de l'existence et le temps de gestation. Ainsi, chez les femmes, l'élaboration dure neuf mois, chez la poule,

---

[1]. L'opinion de M. Ziegler s'écarte complétement de celle des physiologistes français. Pour M. Flourens, l'accroissement d'un animal serait terminé quand les épiphyses seraient soudées aux os. Pour l'homme ce serait à vingt ans. Il faudrait donc, pour avoir la longueur de la vie suivant le célèbre auteur, multiplier la durée de l'accroissement par cinq. Le cheval s'accroît, d'après lui jusqu'à quatre ou cinq ans; durée de sa vie : vingt à vingt-cinq ans, etc. M. Ziegler entend par durée d'accroissement, sans aucun doute, tout le temps pendant lequel l'animal ne décroît pas. Dans ces conditions, il pourrait bien avoir raison, et il suffirait de doubler au lieu de quintupler cette durée pour avoir l'existence réelle.

vingt et un jours, chez le chien, soixante-cinq jours, chez le cheval, onze mois, et la durée de leur existence est respectivement quatre-vingt-dix ans, huit ans, douze ans, vingt ans. Si le cheval vit si peu, il faut en rejeter la cause sur le travail excessif qu'il accomplit. Les chevaux sauvages doivent vivre plus longtemps.

Il y a lieu de tenir compte ici du reste de la masse de l'embryon. Il est très-certain que la durée de l'existence et le temps de gestation dépendent beaucoup de ces éléments.

C'est le cas de faire observer encore l'influence très-remarquable des variations des forces extérieures sur les phénomènes dela vie. Quand l'intensité de ces forces diminue, il est clair, d'après ce qui précede, que la force vitale, qui y est entièrement liée, doit diminuer. Elle doit augmenter, au contraire, lorsque celle-ci augmente. C'est bien, en effet, ce qui arrive.

Pour le végétal, n'est-ce pas visiblement au printemps qu'il semble se réveiller d'une mort apparente ? Les forces extérieures s'accroissent, la force vitale aussi, la plante ou l'arbre pousse. Chaque rotation de la terre sur elle-même influe également : pendant la nuit, il y a diminution de la force vitale; il y a sommeil, pour ainsi dire; la plante exhale de l'acide carbonique. La force intérieure plus puissante que la force extérieure chasse au dehors les matériaux. Le soleil levé, l'effet est inverse, la force extérieure l'emporte, la plante, loin de perdre, gagne de l'oxygène qu'elle absorbe.

De même, l'animal se sent renaître au printemps. Il y a redoublement de vie. Chaque jour, il passe aussi par une phase analogue. Quand le soleil disparaît de l'horizon, quand la lumière lui fait défaut, il lui prend un besoin insatiable de dormir; il se manifeste une réaction curieuse : la force qui l'anime semble diminuer et diminue en effet à l'avantage de la force qui reconstruit ses tissus; on dirait que, les forces extérieures ayant disparu en partie, il ne doit plus effectuer de travail extérieur; toute l'activité vitale est concentrée à l'intérieur du corps qu'elle répare et accroît. Quand la lumière revient, un phénomène inverse apparaît, et c'est au contraire la faculté d'agir extérieurement qui l'emporte. Tous ces faits trouvent une explication toute simple, sur laquelle je ne veux pas insister, dans les considérations établies dans cette séance et dans la précédente.

Vous voudrez bien remarquer, messieurs, qu'en définitive le végétal ou l'animal ne sont que des machines, des récepteurs de force faisant incessamment travailler la matière. Or, voici une machine susceptible d'une force donnée, une somme de quantité de mouvement qui va, grâce à l'étonnant phénomène de la reproduction, de la génération, faire de toutes pièces une machine semblable, soit créer une nouvelle somme de quantité de mouvement.

Avec un pourrait-on faire deux, avec rien pourrait-on créer l'unité? Que l'on ne s'abuse pas, messieurs, l'acte de la génération ne produit pas; il ne crée pas : il y a là simple transformation de la force, de cette force éternellement transmissible, à tout jamais l'immortelle preuve de la création initiale et du Créateur.

Le germe n'est qu'une agrégation de molécules organiques combinée par les forces extérieures. Or, les forces extérieures sont en quantité indéfinie; les molécules organiques également; l'organisme n'est que la machine qui réunit les molécules sous l'action des forces extérieures; le germe n'emprunte et ne prend rien à la force vitale; il l'appauvrirait nécessairement, si les molécules extérieures ne pouvaient remplacer celles qui sont destinées à la reproduction de l'espèce. Mais nous savons que jusqu'à un moment donné les molécules peuvent entrer dans l'organisme et l'accroître.

Il ne faut donc pas s'étonner de voir une somme donnée de molécules organiques produire une série de sommes analogues;

elle ne donne chaque fois pour son compte qu'une fraction insignifiante d'elle-même. Et encore ne donne-t elle que lorsqu'elle peut distraire sans danger pour elle-même quelques unités superflues.

Puisque la reproduction dépend des molécules que peut puiser l'être reproducteur et des forces extérieures, on voit qu'elle aura surtout lieu quand ces forces augmenteront d'intensité.

Ceci explique le besoin d'amour qui anime les animaux au printemps et le réveil des végétaux. Sous l'excitation plus grande des rayons solaires, les végétaux et les animaux forment de nouvelles agglomérations moléculaires qui se traduisent à l'œil par un bourgeon ou un germe fécondé. Le bourgeon et le germe deviennent à leur tour de nouveaux centres d'action destinés à transmettre la force qu'ils ont déjà et vont encore puiser tout autour d'eux.

Tels sont, messieurs, dans leurs principes, les lois infiniment simples et générales qui président à l'évolution, à la génération des espèces, et qui gouvernent la vie des êtres. Il me reste maintenant un dernier point à traiter pour rassurer plusieurs de mes honorables confrères : il s'agit de montrer que cet admirable mécanisme n'est nullement l'expression d'un hasard aveugle, qu'il ne conduit pas à la notion du matérialisme, et qu'au contraire il témoigne de toutes parts de la toute-puissance et de l'absolue nécessité d'un Créateur.

(Bruit et applaudissements sur plusieurs bancs.)

LETTRE XII

Volte face inattendue. — Où M. Ziegler devient spiritualiste. — La matière et l'âme. — La pensée peut-elle jaillir des réactions matérielles? — Activité mentale et corporelle. — De l'existence de l'âme. — Pauvre machine que le corps! — Influence de la matière. — Perfectibilité de l'individu, perfectibilité des impressions. — Mauvais instruments, mauvaise besogne. — Théorie du magnétisme. — Où une âme peut télégraphier à une âme. — Sommeil somnambulique. — Influences magnétiques. — M. Haughton et M. Pasteur. — Conclusion de M. Ziegler.

M. NEWBOLD. Messieurs, plusieurs de nos collègues ont reçu des lettres de rappel; les débats se prolongent plus que nous ne le pensions; il faudrait cependant conclure. M. Ziegler a demandé la parole; après lui M. Owerght est inscrit. Je serai moi-même, dans quelques jours, obligé de quitter Paxton-House : je prierai donc M. Ziegler d'abréger beaucoup, et je ne puis lui conserver son tour qu'à cette condition expresse.

M. ZIEGLER. Je remercie monsieur le président. Un quart d'heure me suffira pour terminer ce que j'ai encore à dire.

Au banc des journalistes. — Son quart d'heure durera bien plusieurs heures.

M. ZIEGLER. On m'a accusé de conduire par mon système au matérialisme le plus complet. Je réclame quelques minutes d'attention encore pour me disculper.

Qu'ai-je fait, messieurs? J'ai montré la matière s'organisant sous l'influence du mouvement transmis par la matière ; j'ai donné la clef de ces transformations. J'ai dit ensuite que les êtres se perfectionnaient à mesure que les matériaux de chaque planète devenaient de plus en plus complexes et variés. On peut croire, en effet, que je veuille avancer que l'intelligence devienne de plus en plus supérieure avec la variété des éléments matériels, que, par conséquent, l'intelligence dépende exclusivement de la matière. Il importe de bien distinguer.

Oui, messieurs, l'intelligence pour moi

dépend de la matière, mais ce n'est pas la matière qui fait l'intelligence. Il faut bien différencier le principe vital, la force qui anime votre corps, de l'intelligence, de l'âme. Le principe vital appartient au monde matériel; l'intelligence est régie par le monde matériel, mais ne lui appartient pas. Le principe vital naît et meurt; l'âme ne meurt pas.

Le principe vital relève complétement de la matière, masse et quantité de mouvement; voici sa formule : sans la masse, sans le mouvement, pas de principe vital. L'intelligence, au contraire, la faculté de penser, revient à l'âme, à un élément avant tout inconnu et d'essence divine.

Pourquoi? pourquoi la pensée ne jaillirait-elle pas tout aussi bien des réactions matérielles qui donnent la force vitale? Messieurs, il est bien facile de le prouver et de mettre en parfaite évidence la nature spéciale, l'existence d'un principe spirituel échappant complétement au monde matériel.

N'a-t-il pas été montré que la vie allait croissant d'énergie jusqu'à une certaine limite pour diminuer ensuite? Il s'agit ici des réactions matérielles qui produisent la force vitale. Or, si la pensée était aussi gouvernée par les mêmes évolutions, il arriverait nécessairement que l'intelligence irait croissant dans la même proportion pour décroître aussi dans la même proportion.

Il n'en est absolument rien. Si la décadence matérielle réagit le plus souvent et doit en effet réagir, comme nous le montrerons, sur les facultés de l'intelligence, très souvent l'intelligence reste vivace et entière jusqu'aux derniers moments de la vie. Donc, la production de la pensée, bien que liée aux réactions matérielles, n'a nullement pour origine celle de la force vitale.

L'activité mentale coïncide le plus souvent avec l'activité vitale. Mais on comprend bien qu'ayant beaucoup de force à dépenser, l'âme en profite et se serve de la puissance dont elle dispose. Évidemment l'âme indépendante du corps, dirige la machine et l'utilise[1].

En quoi, car je suis obligé d'aller très-vite, l'intelligence relève-t-elle du corps ? Absolument comme l'ouvrier relève de l'instrument. L'âme n'est en communication avec le monde matériel qu'à l'aide du corps : corps incomplet, mal construit ; réactions matérielles insuffisantes, principe vital insuffisant, intelligence bornée ; et vous allez le comprendre, messieurs, avec la plus grande facilité.

L'âme est en rapport par le corps avec le monde matériel au moyen des organes de relation : œil, ouïe, mains, etc. Or, plus ces organes seront complexes et variés, plus l'intelligence sera impressionnée, plus les sensations seront multiples. Modifiez un

---

[1]. Ajoutons à l'appui de cette thèse que notre corps se renouvelle sans cesse, que celui de demain n'est plus celui d'aujourd'hui et cependant notre *Moi* reste bien le même.

Si nos idées se modifient avec les années, c'est précisément parce que les molécules constitutives variant, les impressions doivent varier en conséquence.

organe, simplifiez la structure, l'intelligence ou l'instinct baissera fatalement.

Comment une impression vient-elle? L'impression est d'origine matérielle. C'est une onde, un mouvement qui vient frapper l'oreille, l'œil, la main, le corps. L'ébranlement se propage aux nerfs, au cerveau. L'impression est transmise.

Autant de molécules différentes, autant de mouvements différents, comme il a été dit, autant de sensations diverses par conséquent. Mais, pour que tous ces mouvements parviennent, il faut absolument que les organes qui les reçoivent soient susceptibles d'être ébranlés, il faut que leurs molécules soient aussi compliquées que celles qui envoient le mouvement, d'après les principes énoncés précédemment.

Il devient donc évident que la sensibilité de perception dépend de la structure de l'organe. Ne vous étonnez donc plus de ne pas voir les mêmes personnages également impressionnées par un même phénomène, ni surtout les différents animaux de l'échelle voir ou ne pas voir ce que nous pouvons, nous, percevoir dans tous les détails. Les animaux inférieurs ne peuvent être impressionnés que par les mouvements élémentaires dérivés des molécules les moins complexes et correspondantes à celles qui forment leur corps.

La sensibilité chez l'animal, l'intelligence ou l'instinct, ne dépendent donc nullement de la masse, du principe vital, mais de la finesse, de la variété, de la multiplicité des molécules qui constituent ses organes. Plus elles seront multiples et variées, plus elles seront aptes à recueillir les mouvements venus de toutes parts, et plus les impressions elles-mêmes seront nettes et nombreuses.

Pourquoi tous les corps nous apparaissent-ils avec des couleurs propres ? Uniquement parce que leurs molécules sont diverses et les mouvements de ces molécules différents. Autant de mouvements, autant de sensations. — Pourquoi le même individu ne sera-t-il pas impressionné de même qu'un autre par la même couleur? Parce qu'à son tour les molécules de ses organes ne sont pas agrégées identiquement comme celle de son voisin. — Et de même pour le son, pour le toucher, pour toutes les impressions quelles qu'elles soient.

Les animaux, on peut en être sûr, ne voient pas comme nous, ne jugent pas comme nous de la grandeur ou de la couleur.

Il n'est même pas dans l'espèce humaine deux personnes pour lesquelles les impressions soient identiques. Deux personnes ne voient jamais précisément au même moment, n'entendent jamais précisément au même instant. La différence du temps donne une idée de la différence de constitution de leurs sens.

Ainsi, il n'arrive jamais que deux astronomes, si exercés qu'ils soient, observent le passage d'un astre au même moment; l'un verra un peu plus tôt que l'autre. L'erreur peut s'élever à une seconde. Pour chaque individu il faut un temps différent, afin que la transmission du mouvement moléculaire s'effectue. Votre âme ordonne à votre bras de se lever : pour que le mécanisme obéisse, il faut une petite fraction de seconde; pour votre voisin, ce sera une autre fraction de seconde. En un mot, la vitesse de la transmission varie sans cesse d'individu à individu.

Avez-vous remarqué qu'il suffit de regarder quelqu'un pour qu'après un certain temps ses yeux se portent sur les vôtres? L'effet est instinctif.

C'est l'âme de celui que vous regardez qui obéit à la vôtre, et toujours par l'intermédiaire d'un agent matériel, ici la lumière.

Vous projetez sur l'œil d'une personne le mouvement[1] qui vous arrive du soleil, et ce

---

1. On sait bien que la lumière n'est que le mouvement des derniers atomes des corps transmis par l'intermédiaire des atomes indépendants de l'espace.

mouvement va ébranler la rétine, puis le cerveau de cette personne.

Ce mouvement est différent de celui qu'elle reçoit elle-même directement du soleil ; votre rétine l'a modifié au passage. Elle ressent donc une impression distincte. Elle veut en connaître la source, et elle regarde dans la direction d'où lui vient ce mouvement particulier.

Si sa constitution est telle qu'elle puisse entrer en vibration harmonique avec vous, elle regardera de plus en plus ; vous vous mettrez de plus en plus à l'unisson, puis le grand sympathique, les nerfs, vibreront synchroniquement. Les molécules des deux corps tendront à s'animer de mouvements identiques et les organes, qui n'en sont que l'assemblage, vivront de la même vie. Le dicton populaire : *leurs deux cœurs battent à la fois*, sera entièrement vérifié ; c'est ainsi que l'amour peut naître d'un regard.

Si, au contraire, la constitution moléculaire est telle que jamais les mouvements ne pourront coïncider et se mettre à l'unisson, c'est la gêne que produira le regard; l'antipathie naîtra.

La mise en rapport ainsi produite par le mouvement lumineux peut être accrue, augmentée considérablement par les mouvements moléculaires des autres organes de relation; la main posée sur la main suffit pour hâter encore les vibrations harmoniques du corps, et par suite la similitude des impressions et des pensées.

On s'étonne des phénomènes magnétiques; on ne peut concevoir comment, à distance, une personne a de l'influence sur une autre. On a voulu considérer le magnétisme comme une jonglerie, les savants en rient; c'est pourtant, messieurs, une branche parfaitement définie de la science exacte.

Quand deux personnes sont à l'unisson, c'est-à-dire que leurs filets nerveux également ébranlés vibrent à l'unisson, comme les mouvements extérieurs gouvernent les sensations, il suffit que la plus forte pense une chose pour que la plus faible ait le contre-coup de la même pensée; c'est une véritable télégraphie.

Toutefois, comme les objets extérieurs transmettent aussi les mouvements de leurs molécules, si la personne qui reçoit n'est pas soustraite à ces impressions étrangères, elle mêle les sensations émanant de ces sources différentes, absolument comme le ferait un télégraphe qui reçoit un grand nombre de dépêches à la fois. Toutefois, elle en conserve une notion vague et indécise.

Les magnétiseurs tournent la difficulté. Quand la mise en rapport a eu lieu, que le sujet obéit déjà un peu à votre propre pensée, vous ordonnez qu'il dorme. Vous le soustrayez ainsi aux influences étrangères et votre pensée devient la sienne.

Vos deux âmes communiquent, et votre âme, commandant à la sienne, fait mouvoir son corps comme s'il vous appartenait.

J'ai dit à l'instant que vous ordonniez

qu'il dorme. Qu'est-ce donc que le sommeil et pouvez-vous ainsi le produire?

Messieurs, on a répété à satiété que le sommeil était l'image de la mort. Les psychologistes ont vivement combattu cette expression; l'idée est fausse; toutefois, jamais plus que pendant le sommeil, l'âme n'est indépendante et ne se trouve plus près par conséquent de l'état qu'elle recouvre à la mort. Elle est enfermée dans le corps, mais elle ne lui commande plus, elle ne s'en sert plus. Le sommeil est donc le temps pendant lequel l'âme ne communique plus qu'accessoirement à l'aide du corps avec le monde extérieur.

Il faut que le corps répare journellement la perte de force vitale qu'il a dépensée par son travail extérieur; le principe vital diminuant, l'âme ne peut plus faire obéir la machine. C'est le matelot allant à la dérive, faute de gouvernail.

Le corps repose, l'âme veille, mais elle n'est plus avec ce qui l'entoure; elle ne voit plus; elle spécule sur ses souvenirs; elle combine, elle prévoit; n'étant plus gênée par les impressions extérieures, elle acquiert une puissance et une activité de jugement incomparables.

Pendant ce temps, toute la force vitale est employée à reconstruire le corps, à réparer l'usure de la journée. Chez certaines personnes, chez les somnambules, l'âme conserve assez d'action sur le corps pour le faire fonctionner, mais généralement sans se mettre en rapport direct avec le monde extérieur.

Que fait maintenant, messieurs, le magnétiseur? Quand l'organisation du sujet le permet, il commande le sommeil, absolument comme il le ferait si le corps de la somnambule était le sien. L'âme obeit; le sujet dort, et le magnétiseur n'a plus qu'à télégraphier sa volonté.

Moins un corps est massif, et plus les effets magnétiques se produisent vite, puisqu'il y a moins de masse à entraîner. C'est pour la même raison que les personnes faibles et petites sont plus impressionnables que les autres.

Il y aura toujours plus de rapidité et de finesse dans la conception d'une organisation nerveuse que chez toute autre, précisément à cause de la prédominance de la force vitale sur la matière.

Les matérialistes, ceux qui confondent le principe vital avec l'âme, n'ont certainement jamais réfléchi à ces faits, qui détruisent leur opinion. Ils s'étonnent de ce que nous n'ayons pas la notion exacte de la Divinité, que nos idées roulent éternellement dans un même cercle. Mais quoi! est-ce que nos sensations peuvent venir d'ailleurs que de la matière, que de ce que nous voyons ou touchons? Notre âme ne voit et ne peut juger que d'après les notions acquises par nos organes.

Nos sensations ne s'écarteront jamais de là : nous ne pouvons donc marcher plus loin dans cette voie du positivisme. Si l'âme n'existait pas, nous n'aurions pas précisément cette faculté d'émettre des idées autres que celles que nous donneraient nos sensations directement produites par le monde matériel.

Et d'ailleurs, l'idée de Dieu et de l'âme va sans cesse en prenant de la force à mesure que les impressions extérieures sont moins vives, et finit par dominer toutes nos pensées. Il doit en être ainsi, en effet, car, à mesure que l'énergie vitale disparaît, l'âme se replie sur elle-même, plus à elle, beaucoup moins au corps.

Je pourrais multiplier les arguments, mais M. Newbold voit avec impatience l'heure s'avancer, et je ne voulais en quelques mots que bien faire voir que tout ce que j'ai dit s'applique au principe vital, et nullement à l'âme éternellement indépendante de la matière.

Enfin, messieurs, rappelez-vous que, si le mouvement et la matière font et transforment les organismes, il a fallu un créateur pour le mouvement et la matière. La main de Dieu, messieurs, apparaît partout dans l'univers. (Applaudissements.)

M. NEWBOLD. La parole est à M. Haughton.

M. HAUGHTON. Un mot seulement à M. Ziegler. Je n'insiste nullement sur les dernières considérations toutes nouvelles qu'il vient d'émettre; seulement, puisque la matière peut s'organiser d'elle-même, suivant lui, qu'il le prouve expérimentalement.

M. NEWBOLD. Monsieur Haughton, nous allons encore être entraînés....

M. ZIEGLER. Non, monsieur le président, une minute de grâce, non pour convaincre M. Haughton, mais pour ne pas laisser son objection sans réponse. Je dis qu'en mettant de la matière convenable en présence de la matière convenable, je puis encore de nos jours produire des organismes. Si je le fais et que je le montre, mon honorable adversaire affirmera que les organismes proviennent de germes préexistants. Il me rappellera les expériences de M. Pasteur en France.

A mon tour, je dirai que les faits invoqués par M. Pasteur ne signifient absolument rien, et je pourrais le démontrer, si le temps ne me faisait défaut; j'ajouterai que M. Haughton met comme M. Pasteur la production des organismes inférieurs sur le dos de germes impalpables. On ne les voit pas, on les pressent seulement, dit-il; moi, je fais absolument de même; ce n'est plus un germe, ce sont des molécules organiques si infimes qu'elles échappent à l'œil; ces molécules en s'agrégeant forment l'organisme.

Ici le point de départ, c'est le germe vital, issu de l'animal : là c'est le corpuscule également invisible formé directement par la matière organique en décomposition.

Toutes les expériences de M. Pasteur donnent raison à ma manière de voir, aussi bien qu'à la sienne, et je possède plusieurs autres expériences qui, tout en restant favorables à mes vues, contredisent sa théorie. Cependant M. Haughton et moi, nous pourrions discuter longtemps sur ces infiniment petits ; je préfère passer outre aujourd'hui, jusqu'à ce que l'expérience me permette de serrer davantage mon argumentation. Cette fois, M. Newbold ne me reprochera pas mes développements. (Rires et bruit.)

M. NEWBOLD. Messieurs, l'habitant de Mars !

M. RINK. Je ferai remarquer à l'assemblée que les discussions précédentes montrent aussi que les êtres dépendent, par la structure et la supériorité, de l'état de la matière sur chaque planète, ils en suivent l'évolution. A ce point de vue, elles n'étaient nullement hors de propos dans la question qui nous occupe.

M. GREENWIGHT. Monsieur le président, les conclusions sont très-prochaines : il ne reste plus en effet qu'à établir comment l'aérolithe a pu tomber sur la terre venant d'une planète voisine. M. Owerght est inscrit et je réclame, au nom de l'astronomie, son tour de parole.

Demain, à demain!

M. OWERGHT. Je remercie mon honorable vice-président, et je me mettrai demain à la disposition de l'assemblée.

LETTRE XIII

Plaidoyer de M. Owerght. — Ce que c'est qu'un aérolithe. — La partie et le tout; bolide et astéroïde. — Collisions entre ciel et terre. — Un boulet inattendu. — Vassal et suzerain. — La lune peut-elle lancer des pierres aux hommes de la terre? — Négation absolue des astronomes. — Une planète plus puissante peut-elle bombarder la terre? — Comme quoi nous sommes emprisonnés sur chaque astre. — Rien au dehors. — Les forces extérieures. — Comment tout peut s'expliquer. — Le bolide est une montagne. — Où la terre vole Mars.

M. NEWBOLD. La parole est à M. Owerght. Je dois vous rappeler, messieurs, que je suis obligé de clore nos débats demain : je ne saurais donc trop recommander à chacun de vous d'être bref.

M. OWERGHT. Monsieur le président, il me suffit de quelques instants. Mon illustre confrère, M. Greenwight, a parfaitement établi que physiquement une seule planète pouvait renfermer, à l'époque de la chute déjà extrêmement ancienne de l'aérolithe, un être conformé comme celui que nous avons sous les yeux.

La momie ne saurait être d'origine terrestre ; elle vient de l'espace, et toutes les données de l'astronomie physique s'accordent à lui donner pour berceau la planète Mars. Mon rôle est désormais bien simple. Il s'agit de contrôler ce résultat et de voir s'il est mathématiquement possible.

Or, je ne dissimulerai pas que de prime abord il semble impossible, et tous les astronomes seront de mon avis.

Qu'est-ce en effet, messieurs, qu'un aérolithe? C'est la *partie* d'un *tout* auquel nous donnons le nom de *bolide*.

Qu'est-ce qu'un bolide? La question ne trouve plus aussi facilement de réponse. Je n'accumulerai pas ici toutes les hypothèses faites par les savants. Je donnerai l'opinion la plus généralement admise.

Un bolide, c'est une planète, une planète

en miniature. Et si vous vous reportez aux considérations développées par notre honorable vice-président, vous verrez immédiatement que ce sont des planètes infiniment primitives, d'un âge relatif très-grand et fermées depuis longtemps à toute évolution des êtres. La vie y a sans doute passé, mais si peu de temps que les organismes les plus inférieurs ont seuls pu prendre naissance.

Ces bolides ou planéticules parcourent les espaces, obéissant aux mêmes lois que les grandes planètes. Créés en même temps, gouvernés par les mêmes forces, ils décrivent autour de l'astre central, autour du soleil, leurs trajectoires fermées.

Or, admettons que la route que les bolides parcourent autour du soleil vienne à couper celle que parcourt de son côté la terre. Et admettons enfin que notre planète vienne à passer par le point de jonction au moment où un bolide va à son tour se diriger du même côté.

En langage industriel, ce sont deux convois

de chemin de fer qui menacent de s'engager sur la même voie et de se prendre en écharpe.

Il arrivera nécessairement une collision. Le bolide, qui n'est qu'une mouche par rapport à la masse terrestre, heurtera le sol sans que les habitants de la terre en reçoivent la moindre secousse.

Si la terre passe avant ou après le bolide, mais à une distance relativement petite, il pourra encore se faire qu'elle agira sur lui et l'entraînera absolument comme dans un bain, une boule de sureau placée à la surface de l'eau est attirée par la baignoire : la terre attirera le bolide qui quittera son chemin et qui, au lieu de tourner autour du soleil, se mettra, vassal obéissant, à tourner autour de la terre, jusqu'à ce qu'il se précipite à la surface.

Enfin, il arrivera encore que le bolide passera trop loin de notre planète pour que celle-ci s'en empare ; la terre l'influencera ; il entrera même dans l'atmosphère, mais il finira par fuir.

Nous considérons les bolides comme des planètes et nullement comme des projectiles énormes lancés ainsi que l'on a voulu le faire croire, par les volcans lunaires, parce que la vitesse dont ils sont animés exclut toute origine sélénitique. Jamais la lune n'aurait assez de puissance, jamais ses volcans ne constitueraient des canons assez énergiques pour lancer de tels boulets à de telles vitesses.

Un projectile lancé de la lune arriverait sur terre avec une vitesse de onze kilomètres par seconde. Or, les moindres bolides avancent avec une vitesse de trente kilomètres environ.

Quand un bolide frise la terre, il pénètre dans son atmosphère, et le frottement qui en résulte échauffe assez sa surface pour le faire rougir. Cette haute température modifie sa structure; l'inégale dilatation qui en résulte le fait se briser, ou tout au moins oblige la masse à lancer des éclats qui tombent à la surface du sol. Ce sont les *aérolithes*.

La masse météorique découverte par MM. Paxton et Davis offre toutes les apparences physiques des aérolithes. Cependant, jamais jusqu'ici on n'en avait trouvé d'aussi volumineux. Son existence au milieu de terrains anciens, bien que très-remarquable, n'offrirait absolument rien d'extraordinaire et ne serait nullement en désaccord avec ce que nous savons. Ce bloc, détaché sur terre au moment d'un passage de bolide, eût été recouvert par les terrains modernes.

Mais ce qui devient très-extraordinaire, c'est cette momie aux formes si bizarres et ces vases relativement admirablement travaillés, que l'on rencontre dans sa masse.

Ou le bolide avait des habitants, et tout peut alors s'expliquer ; ou il n'en avait pas, et le bloc aurait été arraché à une planète habitée, ce qui devient beaucoup plus difficile à concevoir.

Or, on a prouvé qu'un semblable bolide ne pouvait être habité. La vie ne peut prendre naissance ou tout au moins se perpétuer sur des astres aussi infimes. De plus, il a été également démontré que la planète Mars était la seule qui pût posséder de semblables habitants. Donc, il faut bien en revenir à cette proposition : la momie et l'aérolithe sont tombés de la planète Mars.

Comment? c'est ici que la difficulté de répondre devient grande.

Qu'un bolide circulant autour du soleil vienne tomber sur terre, ce fait existe et s'explique : mais qu'un bloc appartenant à une autre planète s'échappe de cette planète pour aller sur une autre, ceci devient absolument inadmissible, et tout le monde le concevra vite.

Une planète n'est-elle pas la résultante de toutes les forces qui poussaient les atomes de l'espace vers un centre donné? Autant de planètes, autant de buts à atteindre et atteints? Aussi tout ce qui existe autour des planètes tend à venir s'y concentrer depuis le commencement de leur origine. Cette propriété de la matière, nous la connaissons bien ; sur terre, on l'appelle *pesanteur* : par conséquent, loin d'avoir des tendances à s'échapper, tout corps placé sur une planète a des tendances à y rester, et y reste effectivement sans pouvoir en sortir.

Mais, objectera-t-on, pourquoi une force volcanique quelconque ne parviendrait-elle pas à repousser un bloc assez loin de la planète pour qu'elle entre dans le champ d'action d'un autre astre ? Pourquoi un volcan de Mars n'aurait-il pas lancé cet énorme projectile assez haut pour qu'il soit attiré par la terre ?

Évidemment, ceux qui ont mis cette hypothèse en avant, pour la Lune ou Mars, ne réfléchissent pas au mode de génération des mondes.

Quelle est la force qui pourrait lancer dans l'espace un aérolithe ?

Ne provient-elle pas des réactions de la matière interne encore incandescente ? Or, cette force n'est-elle pas la transformation avec perte de la force primitive qui a condensé les atomes de l'espace ? Comment cette force diminuée serait-elle capable de repousser maintenant les atomes plus loin qu'ils ne sont venus ? L'équivalence du travail mécanique dans l'un et l'autre cas démontre l'absurdité de cette hypothèse.

Non, il est impossible qu' « une somme « quelconque d'atomes placés sur une pla- « nète puisse, sous l'action des propres for- « ces de cette planète, passer dans une pla- « nète voisine. » Je pose cette proposition comme fondamentale.

Alors, messieurs, nous sommes encore à nous demander comment l'habitant de Mars est arrivé sur la terre.

Il est bon d'observer que, dans le théorème précédent, il est bien spécifié qu'une planète avec *ses forces* ne peut rien s'enlever à elle-même.

Mais je ne vois absolument plus rien d'impossible à admettre que, sous l'action de forces étrangères, une planète ne puisse pas perdre de la matière. Ici, seulement, je crois apercevoir la clef du merveilleux transport de l'aérolithe et de sa momie.

En effet, messieurs, supposons l'aérolithe, que nous possédons maintenant, constituant le sommet d'une des hautes montagnes de Mars. Admettons qu'un bolide comme ceux qui traversent le champ d'action de la terre ait passé à une époque très-reculée tout près de Mars, assez près même pour frôler le sommet des montagnes.

Le bolide devient un boulet d'une force énorme qui casse et enlève tout sur son passage. Il rencontre le pic d'une montagne, il le brise et le charrie et le pousse devant lui en lui communiquant sa vitesse. Remarquez qu'il n'y a là rien de mathématiquement impossible. Le choc, eu égard à la masse de l'aérolithe, est absolument nul; ici le bolide était considérable. Dévié, peut-être, un peu de sa route, l'énorme globe aura néanmoins poursuivi son chemin dans l'espace.

On se tromperait beaucoup, si l'on considérait comme étrange que le pic enlevé à la montagne ne soit pas retombé après le choc; nullement : jetez devant un wagon en marche un morceau de papier, ce papier y restera collé, et ainsi d'objets de plus en plus lourds, si la vitesse du wagon ou des projectiles est de plus en plus grande. Il n'y a là rien d'extraordinaire. Le pic de la montagne de Mars et le bolide n'auront bientôt plus fait qu'un seul et même tout; le pic de la montagne eût même été un véritable aérolithe pour les habitants du bolide, s'il en avait eu.

Il reste à rendre compte maintenant de la chute du bloc sur la terre.

Le bolide de Mars dévié adopta sans doute à la longue et insensiblement une trajectoire coupant d'assez près celle de la terre pour être influencé par sa masse. Le bolide de Mars sera devenu le bolide de la terre. Le bloc sera sorti de la sphère d'action du bolide pour entrer dans celle de la terre et aura fini par tomber à la surface comme un aérolithe actuel.

Quant à l'habitant trouvé dans la masse météorique, il est évident qu'il appartiendrait bien à Mars. Enseveli au sommet d'une montagne avec des objets d'ornements, cet habitant de notre voisine était sans doute un grand personnage, qui sait? un grand savant qui avait demandé à être enterré loin du monde, bien au-dessus de ses semblables; qui sait? peut-être un astronome, un géomètre auquel ses compatriotes sont redevables de la découverte des lois qui régissent le monde.

Les habitants de Mars ne se doutent certainement pas que nous ayons sur terre leur Newton ou leur Képler!

Ainsi, messieurs, pour ma part, il ne me paraît pas impossible que, par suite de circonstances toutes fortuites, un bloc puisse être arraché à une planète par le passage d'un bolide et rejeté sur une autre. A ce point de vue spécial, si je ne puis pas prouver que cela soit absolument, je ne puis pas davantage nier absolument que cela ait pu survenir. En présence des preuves curieuses accumulées par mes confrères, ce résultat est presque une confirmation. (Bruit. — Plusieurs applaudissements. — Conversations particulières.)

La sonnette du président a quelque peine à rétablir le silence.

Pendant la dernière partie de la séance, la parole fut tour à tour prise par MM. Wintow, Rink, Ziegler, G. Mitchell, etc. La discussion porta sur l'ethnologie des races planétaires, sur la physiologie comparée, sur les formes bizarres de l'habitant de Mars. Je ne vous envoie pas ces détails, que j'ai eu beaucoup de peine moi-même à bien saisir, et qui, du reste, n'auraient aucun intérêt pour vos lecteurs.

Qu'il me suffise de vous dire que l'assemblée finit par rester d'accord sur ce point que la forme triangulaire de la tête de la momie devait résulter des pressions qu'elle avait subies, comprimée comme elle l'était dans son enveloppe calcaire. Quant à la petite trompe qui pend du front, c'est évidemment le nez; elle communique avec l'arrière-bouche. Les dessins plus finis que je termine en ce moment vous en feront très-bien comprendre les détails.

LETTRE XIV

Défiez-vous des journaux. — Grande rumeur à Paxton-House. — Qui préside la nuit à la place de M. Newbold. — Salamec à la tribune. — Les infusoires de Mars. — Ou nous ressuscitons sur terre les animaux des autres mondes. — M. Wintow doit rêver. — Sensation. — M. G. Mitchell, de Francfort. — La clef de la plaque. — On retrouve la montagne de M. Owergth. — Ce que c'est que l'habitant de Mars. — Un tour de scrutin. — Générosité des Américains. — Bonne nouvelle. — L'habitant de Mars arrive en France. — Conclusion.

Les débats devaient se clore par une découverte nouvelle et une confirmation éclatante des vues théoriques émises dans cette enceinte.

Il ne s'agit pas, bien entendu, des bruits absurdes qui arriveront peut-être jusqu'à vous avant ma lettre; et qui ont pris leur source dans une aventure assez plaisante.

Il y a cinq ou six jours, au moment où

tout Paxton-House sommeillait du plus profond sommeil; où M. Newbold ronflait aussi fort que le vent d'ouest dans les planches des habitations, — je suis son voisin de chambre; — on entendit tout à coup un grand bruit en bas; les vitres volèrent en éclats; tous les chiens aboyèrent et une flamme rouge illumina les bâtiments récemment construits.

On crut à une attaque et chacun fut vite sur pied.

Je descendis l'un des premiers, et je ne vis absolument rien d'insolite, à mon grand étonnement, sauf un grand feu qui flambait à la porte de la salle des séances, et qui envoyait une réverbération sinistre sur les arbres et les habitations.

« Qu'est-ce donc ? » fis-je à M. Paxton.

Les chiens jappaient de plus en plus fort, en se jetant avec fureur sur la porte d'entrée de la salle des séances.

« Voici sans doute un indice qui nous aidera, » me répondit-il, et, en même temps, il pénétra dans la salle, distribuant des coups de pied à droite et à gauche pour écarter les chiens.

Nous le suivîmes. Tout paraissait en ordre, et le silence le plus complet régnait dans la pièce. Nous allions sortir, quand un cri rauque se fit entendre dernière nous.

En même temps, M. Paxton tirait son revolver de la ceinture et faisait volte-face.

Nous n'avions pas été assez loin la première fois. Nous revînmes comme lui sur nos pas.

Près du bureau, là où se mettait M. Newbold, siégeait majestueusement un être noir, petit, tout courbé, qui, à la lueur des torches, grimaçait affreusement ; il s'escrimait de toutes manières, allongeait ses grands bras, tordait son torse, secouait sa tête avec une vivacité inconcevable. Ce personnage fantastique imitait évidemment le président Newbold.

Nous étions stupéfaits.

En face du bureau, la momie avait disparu. Le cercueil placé presque verticalement dans la journée était jeté à terre sens dessus dessous.

C'était à n'y plus rien concevoir ! quoi ! la momie s'était-elle réveillée ? Avions-nous là devant les yeux l'habitant de Mars ressuscité ? Qu'allaient dire les académies ; tombé de Mars, ressuscité sur terre !

Le personnage n'en continuait pas moins de gesticuler avec fureur et de nous toiser avec dédain. Les torches ne l'étonnaient que médiocrement, et c'est tout au plus s'il adressait de préférence, de notre côté, sa singulière mimique.

Je le vois toujours dans la demi-obscurité ; ses yeux brillaient comme des escarboucles. Nous étions bien loin des cavités sombres de la momie !

Notre erreur ne devait pas être de longue durée. Le prétendu habitant de Mars en nous voyant toujours avancer, fit tout à coup un bond de plusieurs mètres, en poussant un nouveau cri plus strident que le premier, et il sauta sans façon sur la table des secrétaires en bousculant la sonnette de M. Newbold, qui se mit à carillonner sans pudeur, malgré l'heure avancée.

M. Paxton avait remis son revolver à la ceinture et riait aux éclats.

L'habitant de Mars, c'était un grand singe qu'il affectionnait tout particulièrement, et qu'il avait la mauvaise habitude d'emmener toujours avec lui.

Salamec avait vu M. Newbold et ses collègues s'agiter depuis le commencement des débats à travers les vitres de la salle, et il s'était bien promis à son tour de présider l'assemblée.

Il cassa un ou deux carreaux, renversa plusieurs banquettes, fit rouler par terre la plaque de l'aérolithe et la tombe fossilifiée, et s'installa, au milieu de ce tintamarre, à la place du président, réclamant, sans doute, le plus profond silence.

Quant au feu, il est probable que, par

imitation, il voulut que la fête fût complète et fit un grand brasier au milieu de la cour. Le matin, en effet, les ouvriers avaient brûlé de place en place de vieilles herbes sèches, qui encombraient les abords de l'habitation.

Comment Salamec alluma-t-il les herbes, c'est la seule chose que nous n'ayons pu savoir et qui ne fut pas sans préoccuper beaucoup son propriétaire. Il est, en effet, à craindre que, à ce compte, il ne prenne quelque jour fantaisie à Salamec d'incendier tout simplement Paxton-House et ses dépendances.

L'aventure a circulé. Comme toujours, elle a été amplifiée ; le merveilleux s'en est mêlé, et le journal d'Indianopolis affirmait naïvement à ses lecteurs, qu'au beau milieu des débats, la momie s'était subitement réveillée à la grande stupeur de l'assemblée. Tous les cancans de la ville furent défrayés par cette nouvelle inattendue. On assurait que, à son tour, elle s'était dressée devant le président et qu'elle avait réclamé la parole.

La moitié des membres de la commission auraient gagné la porte.

On vous écrira quelque jour que la momie elle-même vient de partir par le dernier Steam-packet et qu'elle débarquera à Saint-Nazaire. Ici, comme chez vous, le public a ses faiblesses et les faiblesses ont leur public.

Trêve de plaisanterie. La dernière séance a eu lieu aujourd'hui et, je le répète, elle a levé tous les doutes qu'il eût été possible d'avoir encore sur l'origine de l'habitant interplanétaire.

MM. Paxton et Davis ont fait arrêter les travaux, l'aérolithe est presque entièrement percé et on n'y a rien trouvé d'intéressant. Cependant M. Wintow a signalé un fait très-curieux.

M. WINTOW. Messieurs, dit-il, nous avons extrait, M. Rink et moi, de quelques fragments de l'aérolithe, des organismes inférieurs parfaitement caractérisés. Il y a mieux, ces petits êtres, extrêmement ténus et conservés dans les interstices de la roche, là où la chaleur n'a pas dû être extrêmement élevée, se rapprochent beaucoup de nos infusoires. Les voici, messieurs, chacun pourra les observer à loisir.

Je répéterai même une expérience saisissante, que nous avons faite hier avec plein succès et qui assurément intéressera bien vivement M. Ziegler.—J'humecte avec un peu d'eau tiède ces organismes évidemment inertes et immobiles. — Voyez, messieurs : les voici qui, peu à peu, remuent, s'agitent et reviennent à la vie, absolument comme ces petits infusoires, les tardigrades et les rotifères, qui habitent les gouttières de nos toits, meurent et ressuscitent, suivant que le soleil les dessèche ou que la pluie les mouille. Ici, je suis bien forcé de penser avec M. Ziegler, que c'est bien réellement une certaine quantité de mouvement qui manquait à ces organismes pour revenir en vie. L'eau la leur a rendue dans les conditions voulues, et l'organisme a repris ses fonctions.

Ceci tend encore à mettre en évidence que

la vie dans les planètes a bien les mêmes causes partout, et que partout les évolutions de la matière restent les mêmes.

En terminant, messieurs, ai-je besoin de faire observer que voici là, devant vos yeux, des êtres qui sont endormis depuis des milliers d'années, qui nous arrivent d'une autre planète que la nôtre et que nous voyons encore ressusciter et vivre absolument, comme si nous-mêmes nous avions pu aller les examiner sur place et explorer leurs demures primitives. Qui aurait osé avancer que nous posséderions jamais sur terre des êtres empruntés à une planète voisine?

M. STEK. Nous les enverrons à notre société d'acclimatation.

M. NEWBOLD. Je vais clore, messieurs, la discussion; mais je dois donner avant la parole à M. G. Mitchell qui a des détails extrêmement importants à nous communiquer.

(Bruit! conversations particulières.)

La sonnette s'agite, le silence se rétablit.

M. G. MITCHELL, anatomiste distingué de

Francfort, bon orateur, mais voix de fausset.

—Messieurs, je me garderais bien de vous retenir plus longtemps ici, si je n'avais été assez heureux, avec l'aide de mon excellent confrère et ami, M. Sieman, pour découvrir des preuves irrécusables de l'origine ultra planétaire de la momie, et si je ne pouvais ainsi couronner l'édifice que vous avez si sagement et si habilement élevé.

Messieurs, l'aérolithe est bien réellement tombé de Mars, et nous avons sous les yeux un véritable homme de cette planète. Pas un un de vous ne sortira de cette enceinte, je l'espère, sans en être intimement convaincu.

Ce que les théories si claires et si remarquables de mes illustres collègues permettaient de préjuger, je viens, messieurs, vous en apporter une preuve matérielle, indélébile.

(Sensation! mouvement! grand silence!) Déjà, plusieurs d'entre nous avaient examiné soigneusement la plaque d'argent qui recouvrait le tombeau. Il semblait que

l'on dût y trouver le secret de cet envoyé des autres mondes. On ne s'était pas trompé, messieurs.

M. Sieman a bien voulu, hier, étudier avec moi les lignes bizarres qui sillonnent la surface métallique. De prime abord, les astres dessinés avec leurs distances respectives, le Soleil, Mercure, etc., fixent en effet l'attention. Puis, en haut, ces sortes de palmiers et de rhinocéros ne permettent pas de ne pas songer à tout un monde, et à un monde qui n'est pas le nôtre.

Un des premiers arguments que l'on a fait valoir en faveur de Mars, vous le savez, c'est le gros volume que cette planète a sur le dessin de la plaque. On a invoqué l'orgueil du clocher. Qui, malgré soi, ne voit pas d'un œil complaisant sa patrie?

Et pour toute intelligence inférieure, est-ce que la grosseur, l'étendue, ne sont pas un caractère de supériorité?

Il est certain que le raisonnement n'est pas sans valeur, mais il n'est qu'hypothétique. J'ai deux remarques à faire qui vont, je crois, le confirmer assez pour trancher la question.

Au-dessous et plus à gauche des globes planétaires, que vous distinguez sans doute d'ici, examinez attentivement ces deux groupes. Voici quatre ronds noirs. En face voici deux ronds noirs.

Or, au milieu de l'espace réservé entre les deux groupes, s'aperçoit très-nettement un cercle au moins dix fois plus gros relativement ; à l'intérieur se déchiffre une série de lignes contournées d'une manière assez régulière.

Le premier groupe représente, sans aucun doute, le Soleil, puis Mercure, Vénus, la Terre, toutes planètes décrivant leurs trajectoires autour du Soleil, en deçà de Mars. Le second groupe représente Jupiter et Saturne, planètes tournant autour du soleil au delà de Mars.—Enfin, au centre et tout à fait à part, la planète Mars elle-même !— Pourquoi, cette fois, cette double désignation ?

Pourquoi aussi bien classer ce que, sur terre, nous appelons les planètes inférieures et les planètes supérieures?

Il est incontestable que ce groupement en deux séries n'a pu être fait que par un habitant de Mars. Si l'être intelligent qui a dessiné ces figures eût habité Vénus, par exemple, il eût classé les astres ainsi : le Soleil, Mercure, puis la Terre, Mars, Jupiter, Saturne. Je ne crois pas que qui que ce soit puisse refuser de voir la lumière jaillir de cette simple distribution des planètes suivant leurs distances à Mars lui-même.

L'astronome de Mars aura rapporté le centre du système du monde à la planète qu'il habitait, absolument comme à l'origine les astronomes terrestres le rapportaient à la terre. Ceci justifie d'ailleurs le volume excessif du dessin de Mars.

Enfin, les caractères tracés au centre du grand cercle, figurant la planète Mars, la désignent sans doute comme le pivot du système.

Du reste, il y a mieux, messieurs, je disais que le doute n'était pas possible ! voyez vous-mêmes. M. Sieman a distingué tout autour du disque central, qui sépare les deux groupes, un grand cercle effacé en majeure partie, puis un second, puis un troisième très-net, et enfin un quatrième recouvert à moitié par des lignes bizarres et dont la signification nous échappe. Ne faut-il pas voir dans ces cercles les orbites des planètes ? Très-certainement, l'astronome de Mars croyait que le soleil et tous les autres astres tournaient autour de lui.

J'ai dit que j'étais en mesure de montrer l'étonnante précision des déductions de la théorie. Écoutez donc encore.

Il y a mieux que tout ce qui précède. M. Owerght prétend que la momie a été arrachée au sommet d'une montagne par un bolide dévié de sa route. M. Owerght a raison.

M. Sieman, en lavant la plaque avec de l'acide azotique, a fait apparaître, à notre grand étonnement, des lignes très-peu accentuées que l'on peut suivre cependant au microscope. Elles ont un grand développement et occupent la plus grande partie de la plaque. Nous en avons fait une reproduction sur grande échelle que nous plaçons sous vos yeux.

Il est impossible, en suivant cette ligne, de ne pas reconnaître les contours très-vagues d'une véritable montagne. Deux aiguilles assez nettes la surmontent encore vers la droite et lui donnent une grande hauteur. La ligne se perd en serpentant vers la gauche, où elle est d'ailleurs cachée par un palmier. N'est-ce pas là, messieurs, le massif montagneux prévu par le raisonnement scientifique?

Il y a mieux encore; suivez les escarpements de cette ligne tourmentée, puis redescendez brusquement suivant la verticale, qui n'admirera l'étonnante concordance des faits et des conclusions déjà posées ?

Au bas de la plaque et vers son milieu sont gravés, et cette fois profondément, quatre traits formant rectangle, fixez-y votre attention.

M. Oupeau, le premier, a eu l'honneur de rapprocher les lignes qui s'entre-croisent dans cette sorte de grimoire. Après deux lavages à l'eau acidulée, il nous a très-bien montré l'image très-fine de la plaque elle-même, de cette plaque que nous avons maintenant entre les mains.

Il y a mieux, mieux encore, messieurs, au bas, un peu au-dessous, on peut assez bien pressentir une forme qui doit être celle de la momie étendue dans son cercueil. Plus bas encore et, cette fois, en dehors du rectangle, se distinguent parfaitement une série de traits rapprochés, incompréhensibles pour nous, mais qui sont certainement des lettres et doivent former des mots.

Enfin, au-dessous, mais à moitié effacés, on peut, avec de la bonne volonté, reconnaître plusieurs momies analogues au spécimen qui est tombé sur terre, et qui semblent contempler le sommet de la montagne.

Que l'on ne croie pas que je me laisse entraîner par l'imagination; chacun de vous, messieurs, pourra vérifier.

Je ne puis pas ne pas voir dans ces dessins une représentation fidèle de la montagne. A la base, on aura encastré sans doute une grande plaque dans la roche représentant le cercueil et l'image du mort ; les caractères ne sont qu'une inscription dont le sens malheureusement nous échappe complétement, et qui aura été placée là sans doute pour rappeler, aux générations futures, un nom désormais immortel.

Peut-être avons-nous maintenant à Paxton-House un grand roi dont la puissance aura étonné les populations de Mars. Peut-être, et nous inclinons à le croire, possédons-nous un des initiateurs de l'astronomie de ce monde si ignoré pour nous. Du sommet de la montagne que vous voyez, le grand savant aura découvert ce que l'on croyait être alors les véritables lois de l'univers.

En tout cas, il est indubitable que la momie avait dans son pays une renommée éclatante et une influence immense ; peut-être même était-elle vénérée presque à l'égal d'un demi-dieu, comme le feraient supposer les créatures qui s'inclinent encore devant ses restes. On peut vraisemblablement mesurer l'importance du personnage à l'importance de sa sépulture.

On l'aura enseveli bien loin des autres mortels de Mars, au sommet de la montagne, de façon à ce qu'il domine ses semblables après sa mort de toute la hauteur dont il les avait dominés pendant sa vie.

Messieurs, qui sait qui nous possédons là, devant nous et quelle gloire d'une autre époque et d'un autre monde nous contemplons depuis la découverte de M. Paxton?

Qui sait si, en ce moment même, et pendant que nous sommes tous réunis dans cette enceinte, là-bas, les savants de Mars, de leur côté, ne discutent pas sur l'étrange disparition de la plus grande illustration des temps anciens? — Car la base de la montagne doit subsister, et avec elle la plaque commémorative.—Et à moins qu'une tradition ait révélé l'événement dont le pays a été le théâtre, on doit se perdre en conjectures sur l'existence problématique d'un sépulcre dont on ne rencontre plus aucune trace. Les archéologues de Mars ont dû passer plus d'une nuit blanche sur ces vestiges incomplets d'un autre âge, sur ces singuliers restes des premiers hommes de la planète.

N'est-il pas singulier qu'il soit précisément donné aux habitants de la Terre de trouver avant ceux de Mars, peut-être, la clef de l'énigme, et de posséder en tout cas la preuve irrécusable d'un fait historique qui leur échappera à tout jamais?

Il reste aux savants de Mars la base de la montagne : mais il nous reste à nous, la reproduction fidèle de la montagne entière, le sépulcre et le mort. Nous savons, mieux qu'eux, ce qui s'est passé chez eux, et nous possédons désormais un type extrêmement bien conservé de leurs premiers hommes! Il est bien vrai le dicton : on n'est pas toujours prophète en son pays.

Messieurs, il était donné à notre siècle et au nouveau monde de devenir le berceau de la plus grande découverte scientifique des temps passés et présents.

Je m'incline devant la destinée, et je remercie Dieu de nous avoir choisis, nous ses humbles créatures, pour apprendre au monde terrestre, que nous ne sommes pas isolés dans l'espace et que chaque âstre qui brille au ciel est une nouvelle oasis de vie et d'éternelle création.

(Bruyants applaudissements. — On se presse autour de M. G. Mitchell.)

M. NEWBOLD agitant la sonnette. Messieurs, personne n'a rien à ajouter à l'intéressante communication que vous venez d'entendre? (Silence.)

Je vais donc en deux mots résumer le débat et passer au vote de l'assemblée.

Il résulte des considérations géologiques développées par nos illustres confrères, que l'aérolithe découvert par MM. Paxton et Davis ne peut avoir une origine terrestre.

Il résulte des arguments invoqués par M. Greenvight, qu'un être de la nature de celui qui nous est parvenu sur terre, n'a pu provenir que d'une seule planète, Mars.

M. Ziegler par son bel examen des conditions de l'existence dans chaque astre; M. Owerght par son argumentation sur le transport de la matière dans l'espace, nous permettent de ne pas considérer comme impossible la chute d'un être d'un monde dans un autre.

Enfin, l'interprétation, si inattendue et si remarquable, que M. G. Mitchell vient de tirer de l'examen de la plaque avec MM. Sieman et Oupeau donne une confirmation complète des vues théoriques émises dans cette enceinte.

Telles sont les conséquences auxquelles nous conduit pas à pas la logique des faits.

Il me reste à soumettre à l'assemblée cette conclusion :

Oui, la créature découverte par M. Paxton vient bien de la planète Mars.

On fait passer l'urne et la conclusion est adoptée. — Il y a un billet blanc.

M. NEWBOLD. Vous venez d'entendre, messieurs, la décision de l'assemblée; notre œuvre est donc terminée. Les doutes ont disparu et nous n'avons plus qu'à espérer la confirmation de nos recherches par le monde savant tout entier. Les procès-verbaux de nos séances seront distribués aux académies du nouveau et de l'ancien monde.

Il me reste, pour ma part, à remercier mes illustres collègues de la constante attention qu'ils ont bien voulu nous prêter, de leur concours assidu, qui m'a rendu ma tâche si facile. J'emporterai d'ici un souvenir qui ne s'effacera jamais.

MM. Paxton m'ont prié de vous exprimer toute leur gratitude et de faire agréer à chacun de vous, avant notre séparation, cette médaille commémorative. Elle porte d'un côté la reproduction fidèle de l'habitant de Mars, de l'autre la date de nos réunions. Chacune d'elles restera pour la postérité comme un témoignage irrécusable des débats et du jugement de la Commission américaine.

Enfin, messieurs, la sanction des grands corps savants européens est pour nous d'une haute valeur.

Il faut que les petites rivalités de parti, les mesquines préoccupations d'amour-propre et de nationalité, tombent devant le respect de la vérité et l'amour de la science.

Aussi, MM. Paxton sont résolus à faire le sacrifice de leur découverte et à envoyer en Europe les restes de l'habitant de Mars.

Il importe que les doutes ne puissent surgir nulle part et que les centres les plus éclairés de l'ancien monde aient des preuves matérielles qui leur permettent de contrôler nos assertions.

L'Amérique conservera l'aérolithe, les amphores et les bâtons métalliques. L'Europe possédera la momie et la plaque.

C'est avec fierté, nous l'avouons, que sur l'envoi de la Commission nous pourrons inscrire ce témoignage de notre libéralité et de notre dévouement à la science :

LE NOUVEAU MONDE A L'ANCIEN MONDE.

Bruyants applaudissements. — On félicite M. Paxton.

M. NEWBOLD. Messieurs, l'Institut de France et la Société Royale de Londres nous ont paru dignes à tous égards, par le haut crédit dont ils jouissent, par leur incontestable autorité, de devenir les dépositaires des restes si miraculeusement découverts dans le sol américain.

A l'Angleterre, donc, la plaque et les dessins si probants ! à la France, le berceau du goût, des arts et des belles lettres, l'habitant de Mars ! (Tonnerre d'applaudissements.) — (Hourras prolongés.)

Cette adhésion unanime, messieurs et chers collègues, sera pour MM. Paxton la plus belle récompense de leur générosité ; elle deviendra pour nous-mêmes une nouvelle et glorieuse page à ajouter à nos annales scientifiques.

Nous avons fait nôtre devoir, et nous pouvons attendre avec confiance le jugement de la postérité !. . . . .

. . . .

. . . .

. . . .

Postscriptum. — Presque tous les membres de la Commission partent demain matin. On prépare les transports, — je les suivrai de près.

Il m'était réservé une bien agréable surprise que je tiens à vous apprendre avant de clore cette lettre. C'est à moi que revient l'honneur d'aller en Europe offrir à votre Académie des sciences l'homme interplanétaire. J'ai déjà en mains les pouvoirs et les instructions de MM. Newbold et Paxton.

Je pourrai donc très-prochainement vous remercier moi-même de la publicité que vous avez bien voulu accorder à nos débats. Je vous réserve la primeur de notre découverte. Le premier, vous verrez l'habitant de Mars.

J'arriverai, j'espère, au plus tard vers les derniers jours de décembre. A bientôt donc, avec mon précieux bagage.

Paxton-House, 27 septembre.

POST-FACE

Nous attendions.... et avec quelle impatience !

Décembre se passa.... rien — puis janvier, février, mars.

Notre désappointement était au comble, lorsque tout à l'heure, en nous réveillant, nos regards sont tombés enfin sur une lettre, comme toujours, toute grande ouverte.

Quelle lettre ! quelle stupéfiante signature !

De Richmond, ce 15 mars.

Nous oubliez-vous donc ? depuis deux grands mois, vous avez entre les mains l'habitant de Mars.... et pas un mot de vous.

M. Newbold me charge de vous dire combien nous vous serions reconnaissants de nous traduire, à votre tour, les débats que l'homme interplanétaire fera naître au sein de l'Institut de France.

Assurément le plus dévoué de vos confrères,

HENRI DE PARVILLE.

Mon paraphe.... mon paraphe.... à n'en pas douter !...

Cette lettre....

L'aurais-je donc écrite moi-même; l'encre est encore fraîche.

Cependant, mon correspondant d'Amérique?...

Quoi! il m'a remis l'habitant de la planète Mars !

Mais lecteur, j'affirme que je n'ai jamais rien reçu de lui; je déclare que je ne l'ai jamais vu, de mes yeux vu.

Alors ?...

J'aurais donc été pendant six mois mon propre correspondant, toutes ces lettres seraient du même au même. A mon insu, je me serais écrit la nuit ce que je lisais le jour ?...

Allons, c'est impossible.

Je rêve !

Et d'ailleurs les dessins déposés sur ma table !

Voyons, lecteur, lecteur éclairé.... est-ce que réellement on n'a pas trouvé quelque part sur terre un homme dans un aérolithe ?

Est-ce que M. Greenwight l'astronome n'existerait pas ? Est-ce que M. Newbold le géologue.... est-ce que M. Rink.... est-ce que M. Ziegler ?... ? ?

. . . .

Felix qui potuit rerum cognoscere causas.

1ᵉʳ avril 1865.

FIN.

TABLE DES MATIÈRES

PRÉFACE.................................. page VII

LETTRE I.

UNE CORRESPONDANCE DE RICHMOND. — DÉCOUVERTE SANS PRÉCÉDENTS. — GRANDE RUMEUR EN AMÉRIQUE. — OU L'ON CHERCHE DU PÉTROLE ET OU L'ON DÉCOUVRE UNE MOMIE. — UN AÉROLITHE ENTERRÉ. — LE MONDE SAVANT EN ÉMOI. — UN HOMME PÉTRIFIÉ. — D'OU SORT-IL ? — UNE TOMBE FOSSILIFIÉE. — QUATRE PLANÈTES ET UNE CONCLUSION. — UN HABITANT DES AUTRES MONDES..................... 1

LETTRE II.

OU LES NOMS DE DEUX AMÉRICAINS MENACENT DE DEVENIR IMMORTELS. — EST-CE UN CANARD OU UNE RÉALITÉ ? — AVIS DE DEUX FEUILLES RIVALES. — CANCANS A INDÉPENDANCE ET A LEAWENWORTH. — OU L'INDUSTRIE HUMAINE TIRE PARTI DE TOUT. — AU BAS DE LA CORDILLÈRE. — DONS ET DAMES PATRONNESSES. — DES ACADÉMIES. — QUE PENSER DE LA MOMIE ? — OU L'ON ASSURE QU'ELLE NOUS ARRIVE DE MARS. — SON PORTRAIT. — SINGULIÈRES APPARENCES. — LOGOGRIPHE A DÉCHIFFRER..................... 15

LETTRE III.

A PAXTON-HOUSE. — UNE COMMISSION DE SAVANTS. — MAUVAISES PHOTOGRAPHIES DE MM. NEWBOLD ET GREENWIGHT. — PARLEZ DONC PLUS HAUT! MONSIEUR LE PRÉSIDENT. — UN GRAND GÉOLOGUE. — UN GRAND ASTRONOME. — M. GREENWIGHT A PROPOS DE LA PLANÈTE LE VERRIER. — INFLUENCE DE L'ÉDITEUR SUR L'AUTEUR. — WILLIAM SERINGUIER ET LA RÉCLAME. — LES CHALES BIÉTRY ET L'OLÉINE. — UN NOUVEL ACADÉMICIEN. — M. STEK (DE L'INSTITUT). 29

LETTRE IV.

MISE EN SCÈNE. — SUITE. — LES JOURNALISTES. — WILLIAM SERINGUIER. — L'ABBÉ OMNISH. — WILLIAMSON. — NOIROT DE SAUW. — DE LA DIFFICULTÉ DE COMMENCER PAR LE COMMENCEMENT. — DISCUSSION. — L'INFINIMENT PETIT ET L'INFINIMENT GRAND. — ASTRONOMIE MOLÉCULAIRE. — CE QUE C'EST QUE LA MATIÈRE. — DANSE DIABOLIQUE DE TOUT CE QUI NOUS ENTOURE. — ÉTOILES LILLIPUTIENNES. — DEUX CENT CINQUANTE MILLE ANS POUR COMPTER CE QUE RENFERME D'ASTRES LA POINTE D'UNE ÉPINGLE. — L'HARMONIE DANS L'UNIVERS.................................... 47

LETTRE V.

LA PAROLE EST A M. GREENWIGHT. — LA MATIÈRE ET LE MOUVEMENT. — COMMENT SE FONT LES MONDES? — LES ÉTOILES EN VIE. — TRANSFORMATION DES ASTRES. — COMMENT CERTAINS ASTRONOMES PEUVENT ENCORE ASSISTER EN CE MOMENT A LA CRÉATION DE NOTRE SYSTÈME SOLAIRE. — POURQUOI LA TERRE NE SAURAIT ÊTRE BRUNE ET VÉNUS BLONDE, MERCURE ROUX ET MARS ALBINOS?......... 79

LETTRE VI.

DE L'AGE DES ASTRES. — MOYEN DE LE DÉTERMINER. — OU IL EST MONTRÉ QUE TOUS LES MONDES NE SAURAIENT ÊTRE HABITÉS. — OBJECTIONS. — ÉLÉMENTS DE NOTRE SYSTÈME SOLAIRE. — RELATIONS QUI SEMBLENT EXISTER ENTRE LES VOLUMES, LES MASSES ET LA DENSITÉ DES PLANÈTES. — DIFFÉRENTS ASPECTS. — CE QU'IL FAUT POUR QUE DEUX ASTRES SE RESSEMBLENT. — LA PAROLE EST CONTINUÉE A M. GREENWIGHT................................ 93

LETTRE VII.

PROMENADES DANS LES CIEUX. — LA PLURALITÉ DES MONDES. — QU'EST-CE QUE LE SOLEIL? BALLON DE VAPEURS SURCHAUFFÉES. — D'HABITANTS DU SOLEIL, POINT. — DÉCOUVERTE DE MINES A 38 MILLIONS DE LIEUES DE LA TERRE. — POURQUOI N'Y VOIT-ON PAS DANS L'OBSCURITÉ? OPINION DE M. ZIEGLER. — HÉMÉRALOPIE. — MERCURE EST-IL HABITÉ? UN MOT SUR VÉNUS. — LES HOMMES INTERPLANÉTAIRES. — DE CEUX QUI ONT ÉTÉ OU NE SONT PLUS. — STATION SUR TERRE. — LA LUNE. — A-T-ELLE UNE ATMOSPHÈRE? — OU M. GREENWIGHT TRANCHE LA QUESTION. — LES SÉLÉNITES. 109

LETTRE VIII.

D'ASTRE EN ASTRE. — SUITE. — A BORD DE LA PLANÈTE MARS. — MERS, CONTINENTS ET GLACES. — COMMENT LES HOMMES EXISTENT EN MARS DEPUIS LONGTEMPS. — ÊTRES INFÉRIEURS. — LA MOMIE. — JUPITER EST BIEN JUPITER. — ENCORE LIQUIDE. — NE PLACEZ DONC PAS DES HABITANTS PARTOUT! — OU L'ON VOUDRAIT BIEN ÊTRE HOMME DE JUPITER. — LEUR SUPRÉMATIE. — SATURNE. — NEPTUNE, URANUS. — LA VIE DANS LES ASTRES. — RÉSUMÉ. — TERRAINS A VENDRE DANS L'AVENIR........................ 128

LETTRE IX.

LA SALLE DES SÉANCES. — NOUVELLES DE L'AÉROLITHE. — OU L'ON TRAVAILLE POUR LE ROI DE PRUSSE. — LE BANC DES JOURNALISTES. — SERINGUER BAILLE. — WILLIAMSON CRITIQUE. — UN SINGULIER PETIT BONHOMME QUE CE WILLIAMSON! — PORTRAIT EN PIED. — NOIROT DE SAUW. — MÉTIS DE CHINOIS ET D'AUTRICHIEN. — CAILLOUTAGE LITTÉRAIRE. — L'ABBÉ OMNISH. — L'HOMME INTERPLANÉTAIRE PEUT-IL TOMBER DE LA LUNE? — CE QUE RÉPOND LA MATIÈRE. — MM. HAUGHTON ET ZIEGLER. — SERIEZ-VOUS MATÉRIALISTE, MONSIEUR? — LES GÉNÉRATIONS SPONTANÉES EN AMÉRIQUE. QU'EST-CE QUE LA VIE.................. 147

LETTRE X.

LA GENÈSE DES ÊTRES. — LES PREMIERS ORGANISMES DE LA TERRE. — LES VÉGÉTAUX RUDIMENTAIRES. — LOI DE FORMATION ET DE REPRODUCTION. — LES PREMIERS ANIMAUX. — QUELQUES LIGNES DE LAVOISIER. — SOLIDARITÉ DES ÊTRES. — ESPÈCES. — VARIÉTÉS. — OU C'EST LE TERRAIN QUI FAIT SON HOMME. — TEL SOL, TEL ANIMAL. — DE LA TAILLE. — ÉPOQUE DES GRANDS ANIMAUX.................... 167

LETTRE XI

COMMENT NOUS VIENT LA VIE. — DÉTENTE VIVALE. — MOYEN DE LA MESURER. — OU LE VÉGÉTAL QUI POUSSE DANS L'OBSCURITÉ PÈSE MOINS QUE LE GRAIN QUI L'A PRODUIT. — DU MAXIMUM DE VIE. — DURÉE DE L'EXISTENCE. — M. ZIEGLER EST EN DÉSACCORD AVEC M. FLOURENS. — LONGÉVITÉ HUMAINE. — POURQUOI LES VÉGÉTAUX SE RÉVEILLENT AU PRINTEMPS? — L'HOMME CRÉE-T-IL SON SEMBLABLE? — MACHINE A FABRIQUER LES ÊTRES. — TRANSMISSION DE LA FORCE ORGANIQUE. — LE CRÉATEUR 191

LETTRE XII.

VOLTE-FACE INATTENDUE. — OU M. ZIEGLER DEVIENT SPIRITUALISTE. — LA MATIÈRE ET L'AME. — LA PENSÉE PEUT-ELLE JAILLIR DES RÉACTIONS MATÉRIELLES? — ACTIVITÉ MENTALE ET CORPORELLE. — DE L'EXISTENCE DE L'AME. — PAUVRE MACHINE QUE LE CORPS! — INFLUENCE DE LA MATIÈRE. — PERFECTIBILITÉ DE L'INDIVIDU, PERFECTIBILITÉ DES IMPRESSIONS. — MAUVAIS INSTRUMENTS, MAUVAISE BESOGNE. — THÉORIE DU MAGNÉTISME. — OU UNE AME PEUT TÉLÉGRAPHIER A UNE AME. — SOMMEIL SOMNAMBULIQUE. — INFLUENCES MAGNÉTIQUES. — M. HAUGHTON ET M. PASTEUR. CONCLUSION DE M. ZIEGLER.................. 209

LETTRE XIII.

PLAIDOYER DE M. OWERGHT. — CE QUE C'EST QU'UN AÉROLITHE. — LA PARTIE ET LE TOUT; BOLIDE ET ASTÉROIDE. — COLLISIONS ENTRE CIEL ET TERRE. — UN BOULET INATTENDU. — VASSAL ET SUZERAIN. — LA LUNE PEUT-ELLE LANCER DES PIERRES AUX HOMMES DE LA TERRE? — NÉGATION ABSOLUE DES ASTRONOMES. — UNE PLANÈTE PLUS PUISSANTE PEUT-ELLE BOMBARDER LA TERRE? — COMME QUOI NOUS SOMMES EMPRISONNÉS SUR CHAQUE ASTRE. — RIEN AU DEHORS. — LES FORCES EXTÉRIEURES. — COMMENT TOUT PEUT S'EXPLIQUER. — LE BOLIDE EST UNE MONTAGNE. — OU LA TERRE VOLE MARS.................. 229

LETTRE XIV.

DÉFIEZ-VOUS DES JOURNAUX. — GRANDE RUMEUR A PAXTON-HOUSE. — QUI PRÉSIDE LA NUIT A LA PLACE DE M. NEWBOLD. — SALAMEC A LA TRIBUNE. — LES INFUSOIRES DE MARS. — OU NOUS RESSUSCITONS SUR TERRE LES ANIMAUX DES AUTRES MONDES. — M. WINTOW DOIT RÊVER. — SENSATION. — M. G. MITCHELL, DE FRANCFORT. — LA CLEF DU

LA PLAQUE. — ON RETROUVE LA MONTAGNE DE M. OWERGTH. — CE QUE C'EST QUE L'HABITANT DE MARS. — UN TOUR DE SCRUTIN. — GÉNÉROSITÉ DES AMÉRICAINS. — BONNE NOUVELLE. — L'HABITANT DE MARS ARRIVE EN FRANCE. — CONCLUSION.................................. 243

POST-FACE.. 269

FIN DE LA TABLE DES MATIÈRES.

7951. — IMPRIMERIE GÉNÉRALE DE CH. LAHURE
Rue de Fleurus, 9, à Paris

www.ingramcontent.com/pod-product-compliance
Lightning Source LLC
Chambersburg PA
CBHW070759170426
43200CB00007B/837